EN QUETE DE L'ATLANTIDE

PIERRE MARTIAL MOREAU

EN QUETE DE L'ATLANTIDE

© 2016, Pierre Martial Moreau

Edition : BoD – Books on Demand
12/14 rond-point des Champs Elysées, 75008 Paris
Imprimé par Books on Demand GmbH, Norderstedt, Allemagne
ISBN : 978-2-3221-4172-2

Dépôt légal : Février 2017

SOMMAIRE

PROLOGUE — 7

    CHAPITRE I :
    TOUT COMMENCE AVEC PLATON — 11

    CHAPITRE II :
    D'AUTRES SOURCES ? — 25

    CHAPITRE III :
    ET QUE DIT LA SCIENCE ? — 39

    CHAPITRE IV :
    ALORS, FABLE OU REALITE ? — 49

    CHAPITRE V :
    LA LONGUE HISTOIRE DES HYPOTHESES — 57

    CHAPITRE VI :
    EXAMEN CRITIQUE DES HYPOTHESES — 69

    CHAPITRE VII :
    MA VISION DE L'ATLANTIDE — 87

EPILOGUE — 103

BIBLIOGRAPHIE — 107

PROLOGUE

à E.P. Jacobs et à J. Spanuth

Encore un livre sur l'Atlantide, direz-vous sans doute et, en ouvrant celui-ci, vous vous demanderez pourquoi le choisir plutôt qu'un autre ?... Bon nombre d'ouvrages parus durant ces dernières années proposaient ou bien des solutions originales au mystère – et c'est de plus en plus difficile vu l'exploitation du sujet – ou bien, la plupart du temps, reprenaient, en les modernisant quelque peu, des théories déjà anciennes. Mais une constante peut, presque toujours, être relevée : celle de proposer au lecteur – que cela aille, ou non, dans le sens d'une réalité des faits – une explication qui se veut définitive.

Ce petit ouvrage, bien que son objectif soit, aussi, de donner un point de vue personnel, se veut un peu différent dans la mesure où, après avoir présenté les données du problème, autant que faire se peut, il tâche, dans cette (en)quête, de se montrer le plus honnête possible, c'est à dire de ne pas dissimuler les contradictions qui pourraient surgir même dans ce qui lui semble, après réflexion, le plus vraisemblable.

Pourquoi et surtout comment me suis-je intéressé à cette histoire ?

Comme pour le cycle arthurien (une autre de mes passions), c'est par la bande dessinée que j'ai attrapé le virus. A la fin de la première moitié des années cinquante, tout jeune encore, j'avais été attiré par le titre et le graphisme de l'album d'. E. P. Jacobs « l'Enigme de l'Atlantide ». Une énigme, quelque chose qui n'était pas résolu.... et qu'était ce nom – dont la prononciation me captivait[1] – et qui ressemblait

---
1 Paul. Le Cour, dans « *l'Atlantide, origine des civilisations* » (Dervy 1950) indique « la puissance évocatrice de ce nom ».

à Atlantique sans être identique ? Et puis l'image de la première de couverture où l'on voyait sur un ciel d'encre s'élever des vaisseaux spatiaux !? Rappelons l'histoire. Les deux héros anglais du dessinateur belge – le professeur Mortimer et le capitaine Blake – sont aux Açores, à la suite de la découverte d'un minerai inconnu. Tout de suite trois thèmes cohabitent : la légende – on évoque l'Atlantide -, la science-fiction – une soucoupe volante -, et l'intrigue policière, avec l'apparition du colonel Olrik, ennemi juré des deux hommes. S'ajoute en outre très vite une expédition souterraine, autre sujet émoustillant, au cours de laquelle les trois protagonistes vont découvrir, dans d'immenses cavernes baignées «d'une lumière mystérieuse» une société avancée, héritière des Atlantes (on a droit à plusieurs images décrivant l'engloutissement de la civilisation originelle), et en butte à des «barbares», descendants, eux, manifestement, des populations du Mexique précolombien. Après bien des aventures, le monde souterrain s'effondrera laissant tout de même le temps aux Atlantes de s'enfuir dans l'espace vers un nouveau destin et à nos héros de regagner la surface.

Passionné par le récit, j'ai voulu en savoir plus sur ce mystère historique et le hasard a voulu que, à la même époque, paraisse un livre «l'Atlantide retrouvée ?»[2] écrit par un pasteur allemand du nom de Jürgen Spanuth. Je me le fis acheter. Même si les explications proposées étaient beaucoup moins fantastiques que celles que donnait la bande dessinée, leur rigueur était justement assez convaincante. A partir de là je me mis à me documenter sur le sujet, de plus en plus, me rendant même dans certains des endroits que d'aucuns proposaient comme étant «le» lieu où aurait pu se trouver l'île engloutie évoquée par Platon, le philosophe grec à l'ori-

---

2 *l'Atlantide retrouvée ?*(Plon 1956). J. Spanuth, né en Autriche, a longtemps vécu et travaillé en Allemagne.

gine du mythe. A travers des ouvrages ou des recensions, j'ai pu me rendre compte de l'éventail énorme des théories, des plus sérieuses aux plus farfelues, sans parler des démonstrations qui refusaient la réalité d'un tel événement. Les explications succédaient aux explications, certaines – à la lueur de mes propres déductions – me paraissant s'approcher de près de ce qui me semblait être la vérité mais même ces dernières comportaient toujours quelque argument ne me permettant pas d'y adhérer sans réserve. Ne trouvant pas, <u>exactement</u>[3], le livre qui me donnerait, avec ses interrogations, ce à quoi me conduisaient mes propres réflexions, je me suis dit qu'il me faudrait peut-être un jour l'écrire. Alors, disons le tout de suite : je ne suis pas historien, ni archéologue, je ne connais pas le grec et ne sais pas lire les hiéroglyphes égyptiens ; je ne suis ni un philosophe ni un écrivain; bon nombre d'ouvrages – je pense à ceux de certains pays étrangers – me sont inconnus[4], tant il est vrai que paraissent fréquemment des livres sur le sujet; je ne suis pas non plus un plongeur ayant écumé les profondeurs marines et n'ai pas eu accès à de mystérieuses mémoires « akhashiques »[5] qui m'auraient offert une révélation. Je suis juste un amateur passionné, qui a réfléchi sur le sujet et qui va essayer, avec ses moyens, en exposant donc les données du problème de la manière la plus complète possible (être totalement exhaustif paraissant difficilement faisable), de vous présenter avec humilité à quelles conclusions l'ont conduit cette recherche.

---

3 même si j'ai rencontré, - et qu'on me pardonne la présomption de cette comparaison - chez certains historiens ayant abordé le sujet (je pense à Alain Decaux, ou à Franck Ferrand) des réflexions allant dans la même direction que la mienne.
4 et encore, sans tenir compte des oeuvres de fiction.
5 se dit - d'après les occultistes -, d'une énergie mystérieuse existant dans l'univers et qui conserverait des connaissances auxquelles il serait possible d'accéder grâce à des capacités médiumniques.

On se rappelle sans doute que dans le très beau poème de R. Kipling (If) «Si tu peux voir détruit l'ouvrage de ta vie, et sans dire un seul mot te mettre à rebâtir... tu seras un homme mon fils», on trouve les mots «... Rêver, mais sans laisser le rêve être ton maître...» . Ces paroles s'appliquent à ma démarche : si le thème du continent disparu ouvre effectivement la porte aux rêveries, plutôt que d'aller dans cette direction, je veux essayer de découvrir la réalité derrière la légende...

Entre les révélations fantastiques des uns et l'excès de frilosité de la majorité du monde scientifique je souhaite vous présenter, <u>en toute modestie</u>, une voie médiane qui me paraît cerner d'assez près ce que recouvre «l'Enigme de l'Atlantide»....

CHAPITRE I :
TOUT COMMENCE AVEC PLATON

Dès la première image de la bande dessinée mentionnée dans le prologue, E.P. Jacobs, le créateur, évoque la légende du continent disparu de l'Atlantide «dont parle le philosophe Platon » , tant il est vrai que si l'on peut parler de Platon sans mentionner l'Atlantide, en revanche, il est impossible de mentionner celle-ci sans la rapprocher de celui qui l'a rendue célèbre.

Platon, le philosophe grec....mais que savons-nous exactement de lui ? Eh bien, si nous connaissons son oeuvre (les Dialogues...), en ce qui concerne sa vie nous n'avons pas énormément d'informations . Il est né en 428- 427 avant Jésus-Christ à Egine, d'une famille de notables athéniens. Son nom – qui aurait pu être Aristoclès – lui venait peut-être de sa stature (Plato :large). Il rencontre Socrate, son maître, dont il fera le personnage principal de ses dialogues. Détourné de la politique, qui l'intéresse cependant, il s'oriente vers la philosophie. Après la vie militaire, il semble bien voyager, vers – 390, en Egypte, puis en Libye avant d'aller en Sicile. Après avoir eu quelques difficultés avec Denys l'Ancien, tyran de Syracuse, il est livré à une cité ennemie d'Athènes. Racheté, il revient dans sa ville vers – 388. C'est peu de temps après qu'il fondera son école, dans un lieu nommé Akadémos, d'où le nom (Académie) sous lequel elle sera connue ensuite. Plus tard, il sera rappelé en Sicile par Denys le Jeune – successeur du précédent – afin qu'il le conseille dans son gouvernement. Revenu à Athènes il repartira pour la Sicile à la demande de Denys en -361, et, comme auparavant, ce sera pour lui une déception. Il mourra en – 347, -346 et c'est son neveu (Speusippe) qui lui succédera à la tête de son école.

De ce qu'il nous a laissé, nous connaissons donc surtout les Dialogues – au nombre de 35 – qui abordent diverses questions de philosophie, sous la forme d'échanges entre plusieurs personnages.

Parmi ces textes , ce sont bien évidemment deux d'entre eux qui, dans le cadre de notre recherche, nous intéressent. Il semble bien qu'ils aient été composés parmi les derniers. Le premier – appelé Timée , du nom d'un des interlocuteurs[6] – ne mentionne que très brièvement l'Atlantide, au début et ce n'est pas – de très loin – le sujet principal de l'ouvrage ; on y explique plutôt, philosophiquement, comment le Monde, puis les vivants, ont été formés . Concernant le « continent » disparu , il s'agit d'un récit, que l'un des participants – Critias[7] – dit tenir de l'un de ses ancêtres (du même nom). Ce dernier aurait reçu ces informations de Solon – grand législateur athénien – qui les aurait obtenues, lors d'un voyage en Egypte, de prêtres de la ville de Saïs[8]

Quant au second dialogue – le Critias, du nom du même personnage que ci-dessus[9] -, beaucoup plus court , il se présente comme la suite du précédent, et se propose de raconter la guerre ayant opposé la puissance atlante et certains peuples de l'Orient méditerranéen . Commençant par une évocation de l'Athènes des premiers temps, il continue par une longue

---

6 dont on ne connaît presque rien sinon qu'il est de la cité de Locres.
7 Critias est d'une famille apparentée à celle de Platon (cf Luc Brisson dans la traduction des deux dialogues chez Garnier-Flammarion)
8 ville du delta du Nil. On constate un lien entre les deux cité, si l'on assimile la déesse égyptienne Neith avec l'Athéna grecque.
9 ce dialogue porte aussi comme titre « concernant Atlas ».

description du royaume d'Atlas[10] , précisant ses origines, sa géographie et ses institutions . C'est dans ce texte que l'on évoque l'orichalque, le mystérieux métal lié à cette légende... Le récit s'interrompt brutalement, sur l'annonce d'une catastrophe prochaine, sans que l'on sache pourquoi (perte du manuscrit, abandon délibéré – ou pas ?) On s'en doute,cette fin abrupte accentue encore le côté énigmatique de toute cette histoire.

Mais regardons à présent d'un peu plus près les passages les plus intéressants des récits en question[11].

Dans le Timée – et pour la partie qui nous intéresse -, après avoir indiqué à Solon que c'est en Egypte que se conservent les traditions les plus anciennes et avoir ironisé sur le peu de mémoire des Grecs, précisant notamment l'existence par le passé de plusieurs déluges et la valeur de l'ancienne Athènes, le prêtre égyptien illustre ses propos en rapportant la résistance victorieuse de cette dernière face à une invasion importante, dans des temps reculés...

---

10 on connaît deux Atlas dans la mythologie grecque. L'un est un des Titans, condamné, après la guerre de ceux-ci contre les Olympiens, à soutenir le ciel . Le second est donc le premier souverain de l'île dont il est question ici. Certains éléments rapprochent les deux . En effet, dans les Travaux d'Hercule notamment, la fréquentation de ce dernier avec Atlas - le Titan - se fait sur les bords de l'océan Atlantique (il est possible d'ailleurs que le nom soit d'origine phénicienne, leurs marins ayant navigué dans cette zone). En outre les colonnes soutenant le ciel sont un mythe souvent localisé à l'ouest ou au nord-ouest (cf par exemple le pseudo-Apollodore) par rapport aux Grecs, donc - peu ou prou - dans la même région .

11 traduction de Luc Brisson. Afin de ne pas allonger le texte je n'ai voulu reproduire ici (en les « allégeant » parfois de détails pas vraiment utiles), que les passages traitant précisément de l'Atlantide. Dans le Critias, ce qui précède, concerne donc, notamment, la création et la description d'Athènes.

« En effet, nos écrits[12] disent l'importance de la puissance étrangère que votre cité arrêta jadis dans sa marche insolente sur toute l'Europe et l'Asie réunies, lançant une invasion à partir de l'océan Atlantique. C'est que , en ce temps-là, on pouvait traverser cette mer lointaine. Une île s'y trouvait en effet devant le détroit qui, selon votre tradition, est appelé, les Colonnes d'Héraclès. Cette île était plus étendue que la Libye et l'Asie prises ensemble. A partir de cette île, les navigateurs de l'époque pouvaient atteindre les autres îles, et de ces îles ils pouvaient passer sur tout le continent situé en face, le continent qui entoure complètement cet océan, qui est le véritable océan. Car tout ce qui se trouve de ce côté-ci du détroit dont nous parlons, ressemble à un port au goulet resserré; de l'autre côté c'est réellement la mer, et la terre qui entoure cette mer, c'est elle qui mérite véritablement de porter le nom de « continent ». Or, dans cette île, l'Atlantide, s'était constitué un empire vaste et merveilleux, que gouvernaient des rois dont le pouvoir s'étendait non seulement sur cette île tout entière, mais aussi sur beaucoup d'autres îles et sur des parties du continent . En outre, de ce côté-ci du détroit, ils régnaient encore sur la Libye jusqu'à l' Egypte, et sur l'Europe jusqu'à la Tyrrhénie.

A un moment donné, cette puissance concentra toutes ses forces, se jeta d'un seul coup sur votre pays, sur le nôtre et sur tout le territoire qui se trouve à l'intérieur du détroit, et elle entreprit de les réduire en esclavage. C'est alors, Solon, que votre cité révéla sa puissance aux yeux de tous les hommes en faisant éclater sa valeur et sa force; car, sur toutes les autres cités, elle l'emportait par la force d'âme et pour les arts qui interviennent dans la guerre. D'abord, à la tête des Grecs, puis seule par nécessité, puisque abandonnée par les autres, elle fut exposée à des périls extrêmes, mais elle vainquit les envahis-

---

12 certaines traductions parlent de « monuments écrits ».

seurs, dressa un trophée, permit à ceux qui n'avaient jamais été réduits en esclavage de ne pas l'être, et libéra, sans réserve aucune, les autres, tous ceux qui, comme nous, habitent à l'intérieur des Colonnes d'Héraclès. Mais, dans le temps qui suivit, se produisirent de violents tremblements de terre et des déluges. En l'espace d'un seul jour et d'une seule nuit funestes, toute votre armée fut engloutie d'un seul coup sous la terre, et l'île Atlantide s'enfonça pareillement sous la mer. De là vient que, de nos jours, là-bas, la mer reste impraticable et inexplorable, encombrée qu'elle est par la boue que, juste sous la surface de l'eau, l'île a déposée en s'abîmant. »

Que pouvons-nous d'ores et déjà dire de ce premier texte ? D'abord, remarquons l'insistance avec laquelle Platon, par les voix des participants (Critias surtout), tient à présenter cette histoire comme <u>véridique</u> («un récit qui, même s'il est tout à fait étrange, reste absolument vrai... », «cet exploit dont on ne fait plus mention mais que Critias racontait en disait qu'il avait été réellement accompli par notre cité...», « ce que racontait Solon en nous disant comment et de qui il en avait entendu parler comme de quelque chose de vrai »). On notera en outre que l'objectif de ce récit est de <u>raconter un conflit</u>, celui des Grecs contre une «puissance» localisée sur une grande terre, dans l'océan Atlantique, avec une description troublante de ce dernier, notamment en parlant d'un grand continent à l'ouest, que cette civilisation domine en partie, ainsi que des îles et des portions de l'Europe et de l'Afrique (et comment, si l'on s'inscrit du moins dans l'hypothèse classique d'une Atlantide localisée au milieu de l'océan, ne pas identifier le continent à l'Amérique...) ; on y mentionnera également la catastrophe finale qui engloutit l'île d'origine des agresseurs, le tout s'étant déroulé dans un passé très ancien.

Mais voyons à présent, relatifs à la terre disparue, de larges extraits du second de ces dialogues.

« C'est ainsi que Poséidon ayant reçu en partage l'île Atlantide, installa les enfants qu'il avait eus d'une femme mortelle en un lieu de cette île que je vais décrire. Du côté de la mer, vers le milieu de la côte de l'île entière, il y avait une plaine, qui, raconte-t-on, était la plus belle de toutes les plaines et qui avait toute la fertilité désirable. Or, dans cette plaine, encore une fois au milieu, il y avait à une distance d'environ cinquante stades une montagne partout d'altitude médiocre. Sur cette montagne, avait établi sa demeure un des hommes qui là-bas à l'origine étaient nés de la terre. Son nom était Evénor et il vivait avec une femme du nom de Leucippe. Ils donnèrent naissance à une fille unique, Clitô. La jeune fille avait déjà atteint l'âge nubile, lorsque sa mère et son père moururent. Poséidon la désira et s'unit à elle; et la hauteur sur laquelle elle habitait, il en abattit tout alentour les pentes pour en faire une solide forteresse, établissant les uns autour des autres, de plus en plus grands, des anneaux de terre et de mer, deux de terre et trois de mer, lesquels étaient, comme s'il eût fait marcher un tour de potier, de tous côtés équidistants du centre de l'île, rendant ainsi inaccessible aux humains l'île centrale; il n'y avait encore en effet ni navires ni navigation. Puis, ce fut Poséidon lui-même qui donna sa parure au milieu de l'île, chose qui lui fut facile, précisément parce qu'il était dieu. Il fit jaillir de dessous la terre deux sources, l'une d'eau chaude et l'autre d'eau froide, qui coulaient d'une fontaine, et il fit pousser de la terre une nourriture variée et en quantité suffisante. Il engendra cinq couples de jumeaux mâles et il les éleva. Et il partagea en dix parties toute l'île Atlantide; il attribua au premier-né des plus âgés des jumeaux la résidence maternelle avec le lot de terre qui entourait celle-ci et qui était le plus étendu et le meilleur et il l'établit roi sur tous les autres; tandis que ces autres il en fit des rois et à chacun il donna l'autorité sur un grand nombre d'hommes et le territoire d'un vaste pays. A tous ses fils, Poséidon assigna des noms. Au plus âgé, c'est-à-dire au roi, ce nom fut celui dont justement toute l'île ainsi que la mer, nommée Atlantique, tirent leur dénomination, parce que le nom de celui qui exerça le premier la royauté fut Atlas. A son frère jumeau qui, né après lui, avait reçu pour lot la pointe de l'île, du côté des colonnes d'Héraclès, dans la direction de la région appelée aujourd'hui Gadirique d'après cette partie de l'île, fut attribué en grec le nom d'Eumélos et, dans la langue du pays, le nom de Gadiros, en sorte que c'est ce roi qui aurait donné son nom à cette région. Des jumeaux qui naquirent en second, il appela l'un Amphérès et l'autre Evaimon. De ceux qui naquirent en troisième, Mnéséas fut le nom du premier-né, Autochtonos celui du second. De ceux qui naquirent en quatrième, il appela le premier Elasippos, et le second Mestor. Pour ce qui est du cinquième couple, celui qui naquit le premier reçut le nom d'Azaès, et le second celui de Diaprépès. Eh bien, tous ces enfants de Poséidon et leurs descendants habitèrent ce pays pendant plusieurs générations; non seulement étaient-ils maîtres de plusieurs autres îles dans la mer, mais encore, comme il a été dit antérieurement, leur pouvoir s'étendait sur les régions qui se trouvent en deçà des colonnes d'Héraclès, jusqu'à l'Egypte et à la Tyrrhénie. D'Atlas donc naquit une race nombreuse et honorée; toujours l'aîné était roi et transmettait la royauté à l'aîné de ses rejetons, de sorte que chez eux la royauté se maintint pendant plusieurs générations. Ils possédaient des richesses en une abondance telle que jamais sans doute n'en posséda avant eux aucune lignée royale et que dans l'avenir nulle n'arrivera facilement à en posséder; en outre, ils disposaient de tout ce que pouvaient fournir et la cité et le reste du pays. Car, si beaucoup de choses venaient du dehors, en raison de l'étendue de leur puissance, c'était l'île qui fournissait la plupart des choses qui sont nécessaires à la vie. En premier lieu, tous les métaux, durs ou malléables, extraits du sol par le travail de la mine, sans parler de celui dont il ne subsiste aujourd'hui que le nom, mais dont en ce temps-là il y avait plus que le nom, la substance même, l'orichalque, que l'on extrayait de la terre en maints endroits de l'île; c'était en ce temps-là le métal le plus précieux après l'or. De même tout ce qu'une forêt peut fournir à ceux qui travaillent le bois, tout cela l'île le produisait en abondance. Par ailleurs, pour tout ce qui est des animaux, elle fournissait une nourriture suffisante aux espèces domestiques et aux espèces sauvages; en particulier, l'espèce des éléphants y était largement représentée....

(suit une large description de tout ce que l'on trouve sur l'île « en quantité inépuisable »: pâturages, céréales, fruits, plantes diverses...)

Or, les habitants de l'Atlantide qui recevaient de leur sol toutes ces richesses construisaient les temples, les demeures royales, les ports et les arsenaux de la marine et mettaient en valeur tout le reste du pays, suivant le plan que voici... (*il s'agit ici, avec force détails et mensurations, de la description des différents « anneaux » de terre et de mer qui entourent la cité royale*)

Quant à l'île, dans laquelle s'élevaient les demeures royales, elle avait un diamètre de cinq stades. Autour de celle-ci et des anneaux, et de part et d'autre de leur pont, dont la largeur était d'un plèthre[13], ils bâtirent un mur de pierre, tout en dressant sur les ponts des tours et des portes qui chaque fois interdisaient l'accès à qui venait de la mer. La pierre fut extraite de dessous la périphérie de l'île centrale et de dessous les enceintes, à l'extérieur et à l'intérieur; elle était blanche, noire ou rouge. (....) En outre, le mur qui entourait l'enceinte

---

13 le stade vaut environ 180 m et le plèthre environ 30 m . Voir la présentation des dialogues (GF Flammarion) pour tous points nécessitant des éclaircissements.

extérieure, ils en revêtirent tout le tour de cuivre, qui lui fit comme un enduit, alors que le mur de l'enceinte intérieure fut tapissé d'étain fondu. Quant au mur qui entourait l'acropole elle-même, ils le garnirent d'orichalque, qui avait des reflets de feu...

(le récit nous présente ensuite la cité elle-même, en commençant par l'acropole et le temple de Poséidon, et nous informant sur les dimensions, les ornements et leurs richesses. On évoque les sources qui alimentent les bâtiments) Quant aux sources, celles d'où coulait de l'eau froide et celle d'où coulait de l'eau chaude, ces deux sources dont le débit était abondant et inépuisable, et dont chacune, en raison de l'agrément et de l'excellence de ses eaux, était, par nature, merveilleusement propre à l'usage qui était le sien, ils les mettaient à contribution (...) en installant encore tout autour des bassins, les uns à ciel ouvert, les autres couverts, destinés aux bains chauds en hiver ...

(vient ensuite la description de divers édifices : temples, lieux de divertissement, arsenaux, casernes,...Puis on quitte la cité royale pour le pays lui-même)

Eh bien, racontait-on, en premier lieu, ce territoire était dans son entier très élevé et dominait la mer à pic, tandis que tout le territoire à proximité de la ville était plat. Cette plaine, qui entourait la ville, était elle-même entourée circulairement par des montagnes qui se prolongeaient jusqu'à la mer: elle était dépourvue d'accidents, uniforme et plus longue que large, mesurant sur un côté trois mille stades, et deux mille stades au milieu en remontant à partir de la mer. Le territoire que constituait l'île en son entier était orienté vers le Sud, et abrité des vents glacés venant du Nord. Quant aux montagnes qui l'entouraient, on en célébrait en ce temps-là le nombre, la majesté et la beauté, car elles surpassaient toutes celles qui existent maintenant. On trouvait dans ces montagnes des villages nombreux et populeux, des fleuves, des lacs, des prairies fournissant la nourriture nécessaire pour toutes les bêtes domestiques et sauvages, et des forêts ...

(*il est expliqué ensuite comment les habitants ont aménagé la plaine centrale*)

Elle formait, je le répète, un quadrilatère, dont les côtés étaient presque rectilignes et dont la longueur surpassait la largeur; mais là où subsistaient des irrégularités, on avait corrigé en creusant un fossé tout autour. ...(*on en donne les dimensions et le fossé, qui recueille l'eau des montagnes, se déverse dans la mer. Par ailleurs...*)

... des canaux rectilignes, larges d'environ cent pieds, avaient été ouverts transversalement dans la plaine, qui allaient rejoindre le fossé près de la mer, chacun d'eux étant distant de l'autre de cent stades. C'est par ce moyen effectivement qu'on amenait le bois qui provenait des montagnes à la ville et que, par bateau, on approvisionnait celle-ci avec les divers produits de saison (...) Deux fois par année, ajoutons-le, on récoltait les produits de la terre; en hiver c'était l'eau de Zeus que l'on utilisait, et en été toutes celles que fournissait la terre en dirigeant leurs flots hors des canaux.

(*le narrateur va ensuite nous parler de la population*)

Il avait été prescrit que, dans la plaine, chaque district fournirait un chef pour les hommes qui pouvaient servir dans l'armée. La grandeur du district était de dix stades sur dix, ce qui faisait un nombre de soixante mille districts. Quant aux habitants des montagnes et du reste du pays, ils étaient, raconte-t-on, en nombre incalculable, et tous, suivant les lieux et les villages, avaient été répartis en fonction des districts et sous le commandement des chefs de ces districts. A ce chef donc, il était prescrit de fournir en vue de la guerre le sixième d'un char de combat, pour arriver à un total de dix mille chars; deux chevaux avec leur cavalier (*ici quelques détails de l'équipement*), puis deux hoplites, des archers et des frondeurs, deux dans chaque cas, des fantassins légers (...) et enfin quatre marins destinés à former les équipages des douze cents vaisseaux.

(*puis il nous décrit l'organisation des charges publiques*)

Des dix rois, chacun régnait sur la portion de territoire qui lui était dévolue et, dans la cité qui était la sienne, avait un pouvoir absolu sur les hommes et sur la plupart des lois, punissant et faisant périr qui il voulait. En ce qui concerne, d'autre part, l'autorité que les rois avaient les uns sur les autres et les relations mutuelles qu'ils entretenaient, elles étaient réglées d'après les décrets de Poséidon, tels qu'ils leur avaient été transmis par une loi, gravée en toutes lettres par les premiers rois sur une stèle d'orichalque, qui se trouvait au centre de l'île dans le sanctuaire de Poséidon. C'est là que les rois se réunissaient périodiquement tous les cinq ou six ans alternativement, faisant ainsi la part égale au pair et à l'impair ; lorsqu'ils étaient réunis, ils délibéraient sur les affaires communes, examinaient si tel d'entre eux avait commis quelque infraction et rendaient la justice.

(*on donne ensuite les modalités de cette cérémonie : les rois se livrent à une chasse au taureau, qu'ils sacrifient sur la stèle d'orichalque, procèdent ensuite aux rituels convenus, prêtent serment, se sustentent et, dans la nuit,* « tous alors revêtus d'une robe de couleur bleu sombre » *ils rendent la justice et...*) La justice rendue, ils gravaient, une fois le jour venu, les sentences sur une tablette d'or qu'ils consacraient, à titre commémoratif, avec leur robe.

(*quelques précisions suivent concernant les prérogatives de chaque roi*)

...ne jamais prendre les armes les uns contre les autres, s'apporter tous une aide mutuelle dans le cas où un jour l'un d'eux entreprendrait dans une cité de renverser la famille royale, et cela en délibérant en commun, comme leurs ancêtres, sur le parti à prendre concernant la guerre et les autres affaires, et en laissant l'hégémonie à la famille d'Atlas. Enfin, un roi n'était maître de donner la mort à aucun des membres de sa famille, à moins que cette mort n'eût l'assentiment de plus de la moitié des dix rois.

(dans les derniers paragraphes, Platon montre le cheminement par lequel les rois vont perdre leur caractère vertueux, fruit de leur ascendance divine, en rappelant d'abord comment ils se comportaient à l'origine et...)

Mais, quand l'élément divin vint à s'étioler en eux, parce que cet élément avait été abondamment mélangé et souvent avec l'élément mortel, et quand le caractère humain vint à prédominer, alors, désormais impuissants à supporter le poids de la prospérité qui était la leur, ils tombèrent dans l'inconvenance (...).Le dieu des dieux, Zeus, lui qui règne en s'appuyant sur des lois, comprit, parce qu'il avait le pouvoir de connaître ce genre de choses, à quel point de dépravation en était venue une race excellente, et il voulut leur appliquer un châtiment afin de les faire réfléchir et de les ramener à plus de modération. A cet effet, il réunit tous les dieux, dans leur plus noble demeure, qui se trouve au centre de l'univers et qui a vue surtout ce qui participe au devenir. Et les ayant rassemblés, il dit... »

Que relever ici ? Tout d'abord que Critias, s'il annonce vouloir raconter le conflit précédemment évoqué, ne va pas du tout en parler ![14] Ensuite, le narrateur évoque, à la différence de ce qu'il disait dans le Timée (où il n'est question que de « tradition orale », de récit fait « de mémoire ») des écrits qu'il a consultés . Remarquons également l'extrême précision des informations relatives aux protagonistes . Concernant l'Atlantide proprement dite, on notera la taille de l'île dont la plaine centrale a une surface de six millions de stades carrés

---

14 certes, le récit n'a pas été achevé...

(environ 190 000 km2)[15] ; le fait que l'île se présente comme un pays plutôt tropical (puisqu'on y trouve des éléphants, qu'on y pratique l'irrigation) mais que peuvent y souffler des vents glacés du nord (sans parler qu'en hiver on y prend des bains chauds); la mention, on l'a dit, de l'orichalque, fabuleux métal «dont il ne subsiste aujourd'hui que le nom» – indication qui ajoute encore au côté énigmatique de l'histoire -, la capture de taureaux (qui nous évoque les fresques crétoises ou peut-être la mystérieuse Tartessos[16]). Enfin le dialogue se clôt sur une notion morale en laissant présager la punition divine qui pèse sur cette civilisation devenue décadente (ce qui fait penser au châtiment biblique) que Zeus, roi des dieux, veut infliger à cette dernière...

Voici donc les textes principaux qui ont donné naissance à l'énigme . Nous verrons ultérieurement les commentaires plus poussés que l'on peut faire sur ces récits mais la question qui se pose tout d'abord est de savoir si d'autres auteurs anciens ont évoqué cette histoire et par ailleurs s'il existe, dans les traditions de peuples situés dans la zone géographique embrassée par le philosophe des mentions de ces événements ou de l'existence de ce pays disparu...

.

---

15 à laquelle il faudrait ajouter les montagnes extérieures, la superficie totale étant estimée par certains à environ 300 000 km2 (?). C'est important mais semble tout de même moins grand que «la Libye et l'Asie prises ensemble» information donnée dans le Timée (et, même si l'on tient compte que, à l'époque, ces termes ne recouvraient pas les mêmes territoires que maintenant, cette indication suggérait une terre d'une grande étendue). De toute façon, à bien lire le texte, l'Atlantide apparaît comme une grande île, mais pas comme un continent .

16 cité des second et premier millénaires avant JC qu'on situe dans le sud de l'Espagne, vers l'embouchure du Guadalquivir.

CHAPITRE II :
D'AUTRES SOURCES ?

Dans ce chapitre nous allons rechercher si l'Atlantide, les Atlantes ou des événements similaires à ceux que rapporte Platon ont été mentionnés par d'autres auteurs anciens ou dans des cultures ayant une relation géographique avec la zone concernée, autrement dit l'Atlantique, l'Europe, la Méditerranée, le Proche-Orient, une partie de l' Afrique et l'Amérique[17].

a) Autres auteurs anciens

L'Atlantide est effectivement mentionnée par bon nombre d'auteurs anciens que ce soit pour suivre la ligne de Platon ou pour réfuter ses affirmations (et sans parler de ceux qui mentionnent des Atlantes peut-être différents de ceux du fondateur de l'Académie). C'est ainsi que, pour commencer par celui qui fut son disciple avant de développer une philosophie différente, Aristote (384-322 av JC), c'est l'incrédulité qui apparaît lorsqu'il déclare que «son maître avait fait s'engloutir la terre d'Atlantide de la même façon qu'il l'avait faite surgir de l'abîme» ! Il ne sera pas seul dans cette perspective, un de ses élèves, Théophraste de Lesbos, atténuera le propos en suggérant que Platon a peut-être voulu montrer que des cataclysmes peuvent se produire[18]. D'autres seront sur la même ligne, consi-

---

17 d'aucuns, partisans d'une Atlantide située en dehors de cette zone géographique trouveront que je me limite mais soyons raisonnable : si l'on suit les indications des dialogues il est plus que probable que c'est dans cet espace que l'on peut imaginer le royaume englouti (ce qui laisse déjà pas mal d'endroits envisageables !)
18 si c'était cela, quels trésors d'imagination simplement pour illustrer ce constat !

dérant qu'il s'agit d'une allégorie, comme le néo-platonicien Porphyre ou le chrétien Origène (IIIème siècle après JC). Pour le pseudo-Longin (Ier siècle -?- après JC) ce n'est que de la littérature. L'écrivain Diogène Laërce (IIIème siècle après JC) est lui aussi incrédule. A contrario Crantor (philosophe grec des IVème, IIIème siècle avant JC, académicien) croit Platon : il aurait même vu des hiéroglyphes sur des monuments égyptiens ! Dans la même lignée – un peu avant – on trouve le mathématicien Eudoxe de Cnide. Beaucoup plus tard, un autre néo-platonicien, Jamblique (début du IV ème siècle après JC), s'inscrit dans cette mouvance, comme Proclus – de la même école mais plus tard – qui, citant un certain Marcellus, parle d'îles dans l'Atlantique dont les habitants auraient conservé le souvenir d'une terre disparue («oui, il a existé une île de cette sorte et de cette grandeur» laquelle aurait «dominé pendant plusieurs siècles toutes les autres terres de la mer atlantique»). Sans aller jusque là, bon nombre d'auteurs seront pour le moins dubitatifs, tel Plutarque, historien grec du début de notre ère (qui pense que Platon «embellit l'Atlantide), ou Strabon (géographe grec de la même époque : «vis-à-vis du Mont Atlas se trouve, dit-on, une autre île du nom d'Atlantide...Il est possible que ça ne soit pas faux») ; on veut donc bien admettre le récit du fondateur de l'Académie, avec des réserves comme Posidonios, lettré grec des premiers siècles avant JC, qui voit là un mélange de légende et de réalité et prétend même que Platon – à un moment donné – n'aurait pas été aussi affirmatif que dans le Timée , le philosophe juif Philon d'Alexandrie (peu avant notre ère) ou Pausanias (II ème siècle après JC). Pline l'ancien (Ier siècle après JC), Tertullien, un des pères de l'Eglise, l'historien Ammien Marcellin[19], ces derniers aux IIIème et IV èmes siècles après JC, ne font que

---

19 pour qui le cataclysme peut être de nature volcanique. Platon, lui, ne mentionne que les déluges et des tremblements de terre.

reprendre le récit platonicien, comme, plus tard, un moine du nom de Cosmas Indicopleustes. On peut remarquer que, pas plus que l'historien Thucydide (Vème siècle avant JC), les géographes Erathosthène (IIIème siècle avant JC) ou Ptolémée (II ème siècle après JC) n'en parlent pas. Mais il apparaît clair que tous ces témoignages – et j'en ai probablement oubliés – n'apportent, quelques précisions mises à part, rien de bien nouveau à notre enquête, dans la mesure où <u>il ne s'agit généralement que de commentaires sur un récit originel</u>.

Il est bien plus intéressant, en revanche, de chercher du côté de ceux qui mentionnent l'Atlantide, ou les Atlantes sans paraphraser les dialogues du fondateur de l'Académie. Parmi ceux-ci, le célèbre voyageur grec Hérodote (484-425 environ av JC, donc antérieur à Platon), célèbre pour ses descriptions de contrées plus ou moins connues à l'époque, et qui, énumérant les populations du nord de l'Afrique, parle des Atlantes comme du peuple le plus éloigné à l'ouest (de l'Egypte)[20] vivant (Livre IV) près d'une montagne très haute «qu'on appelle Atlas», la «colonne qui soutient le ciel», qui a donné son nom aux habitants du pays «on les appelle les Atlantes», lesquels – entre autres particularités – sont ...végétariens ! Ultérieurement Diodore de Sicile (Ier siècle avant JC) évoquant lui aussi les confins de la Libye , les mentionne (Livre III) comme vivant «près de l'océan », dans un «pays prospère, avec de grandes villes», et étant «les plus civilisés de ces régions ». C'est chez eux, dit-il, «que la légende place la naissance des dieux, dans les régions proches de l'océan». Parlant de leur mythologie, il indique que c'est Ouranos – et non Poséidon – «qui fut le premier à régner chez eux». Civilisés donc mais moins agressifs que chez Platon et en tout cas

---

20 il est l'un des premiers à situer les Colonnes d'Hercule à l'entrée de la Méditerranée.

moins que leurs voisines les Amazones[21] qui leur font la guerre et les battent près d'une ville appelée Cerné. Remarquons à propos de cet auteur qu'il parle aussi (Livre V) de l'existence «du côté de la Libye », (d')une île « d'une étendue considérable et située à l'Occident». Cette terre est «à plusieurs jours de navigation » avec un sol fertile, montagneux, et arrosée par des fleuves navigables[22]... Observons que les Atlantes en question n'envahissent pas la Grèce et que leur pays ne disparaît pas sous les eaux.

Enfin, nous devons parler de quelques autres qui, sans mentionner le continent englouti ou son peuple donnent des indications intéressantes, pouvant peut-être nous être utiles. Au premier rang d'entre eux, on citera Homère (VIIIème siècle av JC), dont le royaume des Phéaciens, on le verra, présente de troublantes analogies avec la description que donne de l'île engloutie le Critias, et Hésiode – l'auteur, notamment, de la Théogonie – (même époque) qui mentionne l'orichalque, le métal inconnu rendu célèbre par sa présence dans le récit platonicien[23].

On parle aussi d'un certain Théopompe de Chios, historien grec du IV ème siècle avant JC, – cité par Elien, stoïcien grec des IIème, IIIème siècles après JC – selon lequel une population appelée Méropes vivant sur un autre continent («situé en dehors de cet univers »)[24] et qui aurait attaqué l'Eu-

---

21 il s'agit bien des femmes guerrières localisées ici en Libye, à la différence de celles qu'on situe habituellement sur les rives de la Mer Noire.

22 cette terre est-elle vraiment l'Atlantide ou ne pourrait-il pas s'agir de portions du continent américain ?

23 où il s'avère que les cnémides (jambières) d'Hercule sont en orichalque ; remarquons aussi que dans les Hymnes Homériques les boucles d'oreilles d'Aphrodite sont en cette matière.

24 l'auteur désigne par là le monde connu à son époque : Europe, Asie, Afrique (cf les premières cartes connues, par exemple celle d'Hécatée de Milet).

rope. Cependant cette histoire paraît très nettement allégorique. Remarquons qu' Elien rapporte par ailleurs – c'est plus intéressant – que les cornes des «béliers de mer» (morses sans doute) ornaient les couronnes des rois de l'Atlantide. Pomponius Mela, géographe, au 1er siècle de notre ère (et qui voit lui aussi en les Atlantes un peuple de l'Afrique) nous parle d'îles fortunées dans l'océan...mais qui existent encore (c'est aussi ce que dit Pline l'Ancien). Retrouvons Plutarque qui évoque également des îles, au nord-ouest du Vieux continent, une mer «boueuse», près du grand continent qu'il nomme Saturnia, ainsi qu'une île, Ogyggia, localisée «entre les bras du fleuve Océan». Enfin, il est intéressant de noter les observations tant de Strabon, que d'Ammien Marcellin que nous avons aussi déjà nommés, sur les migrations des Cimbres, peuple d'Europe du Nord, fuyant leur pays envahi par les eaux .

A bien y regarder, il n'y a pas chez les auteurs, qu'ils soient antérieurs ou postérieurs à Platon , et malgré des éléments parfois intéressants, d'indications corroborant, <u>franchement</u>, les dires du philosophe.

b) Traditions

Ici, nous allons essayer de découvrir, à travers les légendes des populations ayant pu être concernées, dans le domaine géographique précédemment défini, par la disparition de l' Atlantide, s'il existe quelque tradition s'apparentant d'une manière ou d'une autre au récit platonicien. .

Commençons par les protagonistes centraux du mythe .
Chez les Grecs, il y a, bien sûr, la mention des Champs Elysées, l'au-delà «heureux» que l'on place à l'Occident mais pour citer des récits mythologiques, il est question de terres également à l'ouest dans les pérégrinations d'Ulysse : Ogygie, domaine de la nymphe Calypso (par ailleurs fille d'Atlas) et surtout de la Schérie, terre des Phéaciens. Si la première se situe peut-être bien dans l'océan, on ne peut en dire grand chose. La seconde offre, de nombreux chercheurs l'ont souligné (Schulten, Hennig, Spanuth...), des analogies avec le pays des Atlantes, mais il y a aussi des différences ne serait-ce que leurs habitants n'apparaissent pas tellement agressifs (ils «ne se soucient point d'arcs ni de carquois») et qu'on parle pas d'une quelconque menace de submersion. Précédemment, au cours de ses travaux, Hercule va lui aussi se rendre dans les contrées du couchant, pour capturer les boeufs de Geryon (on situe ça en général en Espagne) ou pour ramener les pommes d'or du jardin des Hespérides (Canaries ?); il va d'ailleurs y croiser Atlas, le titan soutenant près de là, le ciel sur ses épaules[25]. Toujours pas de disparition cataclysmique. S'agissant de celle-ci, la mythologie grecque mentionne plusieurs déluges (comme Platon le rapporte d'ailleurs). Le plus important paraît être celui de Deucalion (qui ne correspond pas à la disparition

---

25 noter que le frère d'Atlas se nomme Hespèros...on est toujours dans les mêmes régions ...

de l'Atlantide), avec la re-création de l'espèce humaine,et on peut citer aussi celui d'Ogyges. Mais beaucoup de ces déluges semblent être localisés. Signalons les disparitions, plus historiques celles-ci, de cités comme Héliké en Achaîe, ou Tantalis en Asie mineure et en Béotie, c'est un lac (Copaîs) qui va submerger les environs immédiats. A part ces derniers éléments dont certains pensent qu'ils ont pu influencer Platon (on peut observer qu' Atlantis est l'anagramme de Tantalis !) on ne trouve pas quelque récit analogue à l'histoire révélée par le philosophe grec.

S'agissant des Egyptiens, on parle souvent d'un récit (le conte du naufragé), qui ferait référence au continent disparu. C'est l'histoire d'un égyptien qu'un naufrage conduit sur les rives d'une île où règne un serpent. Celui-ci informe le marin qu'un feu céleste (météorite) a détruit sa famille puis libère le voyageur en annonçant la future disparition de l'île sous les flots... c'est bien peu, n'est-ce pas ? (en outre cela paraît concerner plutôt une terre à l'est de l'Afrique). Plus intéressante est la mention du paradis à l'ouest, l'Amenti . Certes, les Egyptiens le voyaient à l'Occident (on sait que les morts étaient inhumés à l'ouest du Nil) mais n'est-ce pas parce que le soleil s'y couche ou bien y a -t-il souvenir d'une terre merveilleuse dans cette direction ? Lorsqu'on regarde le Livre des Morts il y a des choses troublantes quant à cette contrée (sa disparition catastrophique par exemple et aussit la mention d'un passage « des deux cornes » – Gibraltar ? – lorsqu'on veut revenir vers l'Orient...). Cependant considérer qu'il s'agit du souvenir d'un pays réel disparu reste malgré tout, même si c'est possible, hypothétique. Et puis il y a aussi , à l'origine du pays, les fameux «Serviteurs d'Horus» qui pourraient bien avoir une relation avec l'ouest marocain ou au-delà[26] ... En tout cas, en dehors de la relation qui en est faite chez Platon, on ne découvre pas de récit qui serait identique dans d'autres textes égyptiens.... On verra ultérieurement qu'il convient peut-être d'examiner ceci autrement ...

«Ils (les Atlantes) régnaient encore sur la Libye jusqu'à l'Egypte et sur l'Europe jusqu'à la Tyrrhénie»[27] (le pays des futurs Etrusques). Intéressons-nous donc à ces deux contrées. Concernant les Etrusques rien, à ma connaissance, n'évoque de tels événements et il en est, bien entendu, de même pour les populations qui les ont précédés dont nous ne savons que peu de choses. Pour ce qui est des Libyens (on peut dire des Berbères) c'est mieux . Il semble être question d'un pays – Attala – dans l'océan, riche et conquérant... Un géographe maghrébin du XIIème siècle de notre ère (Il Idrissi) signale qu'au Maroc un grand cataclysme s'est produit à une époque très ancienne : «le niveau des lames s'éleva à des hauteurs effrayantes et les villes furent englouties». Souvenir d'un désastre local (on est ici dans une zone géologiquement sensible) ou lointains échos de Platon ?

Restant près de l'océan, nous évoquerons les Celtes et la fameuse Avalon. Ce nom désigne bien une terre, paradisiaque, située au loin, dans la mer mais rien d'autre ne la rattache au récit platonicien (ni guerre, ni disparition). Si l'on se réfère à leur mythologie il y a certes des submersions – qu'on pense par exemple à la fameuse ville d'Is, en Bretagne armoricaine, ou d'autres sur la côte galloise – mais il est plus probable que cela rappelle des événements localisés, sans rapport avec

---

26 cf le livre de M. Weissen-Szumlanska « *Origines atlantiques des anciens Egyptiens* » . Ces recherches, qui expliquent peut-être une des origines de l'Egypte proto-historique ont sans doute conduit certains à voir dans cette civilisation une héritière de l'Atlantide... mais ce n'est absolument pas chez Platon (ni chez d'autres).

27 Timée.

les dialogues du fondateur de l'Académie. Ces peuples ne se sont d'ailleurs établis sur les rives de l'océan qu'au milieu du premier millénaire, plus ou moins. En revanche il est intéressant de noter que les populations qui les ont précédé et ont construit les mégalithes de la Scandinavie au Portugal l'ont fait généralement sur la façade atlantique – et à une époque où le niveau de la mer était un peu plus bas qu'aujourd'hui -... mais nous ne connaissons rien de leurs mythes spécifiques.

Quant aux Germains, si leur mythologie évoque un grand cataclysme (le fameux Ragnarök, plus ou moins bien traduit par le Crépuscule des Dieux), on ne voit pas là de quoi le rapprocher de ce qui est dit chez Platon: ou bien il rappelle le souvenir d'une catastrophe lointaine et importante, ou il exprime une crainte eschatologique mais comment le relier honnêtement à la disparition de l'Atlantide ! Et, on l'a dit, en parlant des Cimbres[28], Strabon évoque l'invasion par la mer de certains de leurs territoires. Enfin, nous terminerons en mentionnant, près de la Baltique, une ville engloutie – Vineta -, une Is suédoise et, si ce n'est pas une version du mythe des Celtes cela reste bien mince et bien trop récent...

Quelques mots sur d'autres riverains de l'océan, les Basques, qui, du fait de leur situation géographique, de leur langue complètement différente de celles de leurs voisins et peut-être de ressemblances avec celles de peuples amérindiens, ont conduit certains à voir en eux des survivants du continent englouti . On s'accorde plutôt à dire qu'il s'agit d'une population antérieure aux « envahisseurs » indo-européens et dont le langage s'apparente avec celui de certains peuples du Caucase (les Georgiens par exemple). En tout cas, leurs traditions ne paraissent pas sérieusementt apporter d'éclaircissements à notre recherche.

---

28 si tant est que les Cimbres soient absolument des Germains, la différence avec les Celtes étant parfois sujette à discussion .

Dans le livre « Histoire mondiale du Déluge »[29], M. et P. Deribéré présentent l'Afrique comme « le continent de l'anti-déluge » et il est vrai que les traditions relatives à une catastrophe de cet ordre sont rarissimes. Pourtant l'existence d'une grande île à l'ouest des terres africaines et sa disparition brutale auraient dû marquer l'inconscient collectif des populations riveraines de l'océan, du Maroc à la Guinée. On a vu que chez les Berbères, on trouve quelque écho de cela mais chez les Africains noirs pas de traces déterminantes. L. Frobénius assimile le dieu Yoruba (Nigéria) Olokun à Poséidon mais cela demeure de l'ordre des mythologies comparées... Nous ne pouvons pas, bien entendu, ne pas parler des premiers habitants des îles Canaries, les Guanches. Là encore on a voulu voir en eux des survivants de la submersion atlante. Leur crainte de la mer, dont on nous parle, pourrait être le résultat d'un traumatisme consécutif à cette disparition... Ils paraissent en tout cas être proches des Berbères du continent voisin ou descendants de populations cro-magnoïdes antérieures et on n'a pas d'informations relatives à un empire puissant ici, susceptible de développer une civilisation telle que celle évoquée par Platon et de se lancer dans une guerre aussi importante. Même si des événements d'ordre sismique se sont produits à une époque très reculée, ils ne semblent pas devoir être rattachés à l'histoire décrite dans le Timée.

Du côté du continent américain et contrairement à l'Afrique de nombreuses traditions de peuples amérindiens évoquent des fins du monde, notamment des inondations gigantesques. On connaît la mythologie des Mayas et ses destructions de mondes ayant précédé le nôtre ou plusieurs récits indiens racontant des déluges, en Amérique du Nord comme du Sud. Il y a même des mentions troublantes de

---

29 R. Laffont éditeur.

patries d'origine situées à l'ouest (chez les Sioux, « grande île du côté du soleil levant », les Iowas, dont les ancêtres vivaient « dans une île où naquit le soleil » ou encore ceux des Nahua(tl)s en Amérique centrale « Nooatlan, une terre entre les eaux » et, à Uxmal « les terres orientales d'où nous vînmes ») et on ne peut s'empêcher aussi de penser à ces populations du Mexique précolombien qui se disaient éveillées à la civilisation par des initiateurs venus du soleil levant[30]. Lorsqu'on s'intéresse à notre sujet, on cite bien évidemment la patrie d'où seraient venus les Aztèques, Aztlan, et la tentation est grande de rapprocher ce nom de celui de l'Atlantide, en faisant de ce peuple un des survivants de la catastrophe. Il semblerait cependant que ce soit trompeur : rappelons de toute façon que les Aztèques ne sont apparus sur la scène historique qu'au début du second millénaire après JC, ce qui est bien loin de l'époque, quelle qu'elle soit, de l' engloutissement du continent cher à Platon . Dans les Caraïbes on rapporte aussi des submersions et, en Amérique du sud (Amazonie, Andes), il est aussi question de déluges et d'initiateurs (Viracocha chez les Incas, Bochica chez les Chibchas...). Mais l'observation faite plus haut pour les Aztèques vaut pour les Incas, et puis les civilisations andines sont bien éloignées de la zone que nous avons définie. Signalons aussi tout de même l'observation du colonel Braghine, faite sur place et plus intéressante pour nous, sur l'existence dans la région de l'Orénoque, d'une tribu du nom d'Atlan à la peau plus claire que ses voisins...

Bref si l'on prend en compte toutes ces légendes, il est plus que probable qu'elles rappellent soit des déluges localisés (cela semble particulièrement vrai pour les indiens de la côte ouest – dont on ne voit pas d'ailleurs pourquoi ils seraient

---

30 Quetzacoatl pour les Aztèques, Kukulkan pour les Mayas. Et si ces initiateurs ont vraiment existé - c'est tout à fait envisageable et j'ai tendance à le croire - ne peut-on penser qu'il s'agit d'Européens arrivés au cours du premier millénaire (Celtes par exemple) ?

concernés, à la différence d'autres plus à l'est – ou les populations d'Amazonie) soit un phénomène plus important lié à la fin de la dernière glaciation avec, peut-être, un territoire submergé dans les Caraïbes par exemple[31] mais on ne discerne pas le rapport direct avec l' histoire rapportée dans les dialogues platoniciens. Quant à la mention de terres occidentales mentionnées par certains (Sioux par exemple), cela interpelle, mais pourquoi ne pas considérer – dans l'optique d'une origine, par le nord de l'océan[32] en provenance du vieux continent – qu'il s'agit du souvenir d'une île proche de ce dernier ?

Au Proche-Orient, c'est au déluge mésopotamien (puis biblique qui en découle) que l'on pense (ainsi qu'à la quête de Gilgamesh, au-delà de l'océan). Certes on trouve dans les deux récits le thème d'une punition divine et d'une montée des eaux mais à part ça ? Les textes de cette région évoquent manifestement des inondations importantes survenues en Mésopotamie ou celles qui se sont produites autour de la Mer Noire. Ce n'est pas suffisant pour en tirer une relation avec notre sujet même si l'on verra que, concernant la Mer Noire, on peut s'interroger davantage. On mentionne aussi, dans cette zone, le pays légendaire de Dilmun mais qui est placé dans le golfe arabo-persique (ou plus loin ?).

Pour finir et s'éloigner vers l'est, quelques mots de traditions indiennes. Il est aussi question de déluges et d'îles merveilleuses (utilisées souvent par les ésotéristes...) mais, plus

---

31 voir ce qu'en disent certains - P. Carnac (« *l'Histoire commence à Bimini* » éditions R. Laffont) ou A. Collins (« *les Routes de l'Atlantide* » éditions La Huppe) quant à la possibilité d'une terre engloutie aux Bahamas ou près de Cuba.

32 si la provenance asiatique de la plupart des Amérindiens est avérée, des scientifiques prétendent que certains d'entre eux, en utilisant des routes nordiques, pourraient avoir une origine européenne préhistorique.

précisément, on parle, et même apparemment on découvre, sur la côte ouest du sous-continent, des traces de cités englouties (la cité de Dwarka) ou, plus au sud, le pays d'origine des Tamouls (Kumari Kandam). On ne voit cependant pas de rapport avec ce que dit Platon et puis tout ce qui est retrouvé sous les eaux ne relève pas nécessairement de l'Atlantide !

S'il est d'autres indices, ils ne doivent pas être très probants car, dans le cas contraire, ils auraient sûrement été exploités par tous les chercheurs. Bref, comme avec les auteurs anciens, et malgré des indices troublants, on ne peut pas dire que les récits platoniciens se voient confortés par les diverses traditions que l'on connaît...

CHAPITRE III :
ET QUE DIT LA SCIENCE ?

Nous allons à présent, à ce stade, nous demander ce que la science – je devrais plutôt dire les sciences – peut apporter comme arguments pour conforter, ou non, le récit de Platon[33].

S'agissant donc des deux dialogues du fondateur de l'Académie, quels sont, pour notre recherche les éléments essentiels :

dans le Timée :
- la date des événements (un passé reculé)
- la localisation de l'empire mystérieux
- la guerre à laquelle il se livre
- la disparition catastrophique de cet empire

dans le Critias (indépendamment du rappel des faits précédents et des informations sur la plus ancienne Athènes):
- la description de cette civilisation empire (fondation, géographie, institutions).

Il conviendra donc de regarder, avec les données scientifiques dont nous pouvons disposer :
- (a) quelles sont les informations que nous avons sur la période donnée[34],

---

33 je ne prends pas en compte ici les renseignements donnés par Hérodote et surtout Diodore de Sicile : « leurs » Atlantes désignent un peuple localisé à l'extrémité occidentale du Maghreb, même s'il s'agit peut-être (?) des mêmes que ceux de Platon, l'époque n'est, de toute manière, pas identique.

34 9000 ans avant Platon. Il existe, on le verra, deux écoles qui contestent ce chiffre et ramènent les événements au II ème millénaire avant JC mais ici je ne considère que la période indiquée dans le dialogue.

- (b) si une île aux dimensions indiquées a pu exister alors, dans la zone géographique concernée[35],
- (c) les mouvements de population de l'époque,
- (d) quel cataclysme a pu avoir lieu,
- (e) enfin à quoi correspond une société telle que celle décrite dans le Critias.

(a) A l'époque mentionnée par Platon, la glaciation diminue mais des calottes occupent encore une partie des régions septentrionales de l'Europe et de l'Amérique du Nord. La toundra recule et les forêts gagnent du terrain vers le nord entraînant des déplacements de petits groupes chasseurs-cueilleurs. S'agissant du niveau des mers, il était plus bas de 130 m environ au maximum de la glaciation. Au fur et à mesure avec la fonte des glaces, le climat se réchauffant, le niveau de la mer remonte (après, selon le géographe belge Capart, un palier vers -55m ...) . Mais les surfaces qui sont émergées se situent près des terres actuelles que ce soit en Amérique du Nord ou en Europe. Pour ce qui est de cette dernière, on peut dire que vers 7000 av JC la Grande-Bretagne est séparée du continent, que la Mer Baltique va cesser d'être un lac et redeviendra définitivement une mer deux mille ans après environ . Quant à la Mer Noire, elle était aussi un lac – gonflé par la fonte des glaces – avant d'être envahie par la Méditerranée vers 6000 avant JC, semble-t-il. Le Sahara était lui plus humide à la même époque avant de devenir peu ou prou au cours des millénaires ce que nous connaissons. Les populations vont commencer à développer l'agriculture à partir de

---

35 ainsi que je l'ai déjà mentionné, certaines hypothèses placent le continent englouti dans d'autres parties du globe. J'en dirai quelques mots dans le chapitre consacré à la critique des diverses théories mais, s'agissant de ce qui peut être fourni par la science, je me suis limité au cadre défini dans le récit platonicien.

ces années-là (et cela est variable selon les régions, les plus précoces se situant au Moyen-Orient) et des premières traces de civilisation (les Natoufiens) apparaître dans cette dernière région selon nos connaissances actuelles.

En Afrique du Nord, la culture Ibero-maurusienne va être supplantée par les Capsiens (ancêtres des Berbères) venus de l'est et des traces de poteries anciennes sont signalées dans certains endroits d'un Sahara encore vert. Quant à l'Amérique, on sait, selon nos connaissances actuelles, que les Amérindiens venant de Sibérie se sont installés petit à petit, entre trente et dix mille ans avant JC, dans le continent nord , puis dans l'Amérique du sud (souvent, semble-t-il, par la côte.). On doit cependant ne pas exclure l'arrivée de migrants venus d'Europe (sur la côte est de l'Amérique du Nord) et observer que certains sites du continent sud-américain sont beaucoup plus anciens, ce qui corrige la vision classique d'un peuplement postérieur à celui du nord .

Au Moyen-Orient enfin on a donc pu découvrir des vestiges (Göbekli Tepe en Turquie par exemple) qui sont datés de 10 000 av JC, ainsi que des sites – un peu plus récents -dans les mêmes régions (Catal Höyük) ou en Palestine (Jericho)....S'agissant des civilisations que l'archéologie ou les sources écrites nous permettent de connaître (cultures danubiennes, civilisation mégalithique) elles datent de à trois à quatre mille ans après la date annoncée par Platon, voire plus (Mésopotamie, Egypte)[36]. Quant aux vestiges précolombiens connus les plus anciens (ceux de Caral au Pérou puis ceux des Olmèques), ils n'apparaissent qu'au IV ème ou au II ème millénaire avant J.C., abstraction faite de ce qui a été, ou aurait été découvert dans les Caraïbes,sous les eaux, et qui est encore sujet à caution...

---

36 est-il besoin d'ajouter que la civilisation grecque est encore plus récente...

(b) Si l'on suit fidèlement la description du philosophe grec, l'Atlantide paraît se situer au centre de l'océan. Lorsqu'on quitte le plateau continental (rivages nord-européens, ou proches de l'Amérique du Nord et par exemple dans les Caraïbes) qui n'a pas plus de 200 m de profondeur, on arrive à des chiffres beaucoup plus importants (des fosses de 4 à 6000 m environ de chaque côté de la dorsale atlantique avec des profondeurs moindres le long de celle-ci). D'une manière générale, l'Atlantique est parcouru en son milieu par ce qu'on appelle donc la dorsale atlantique, d'où jaillit le magma, et qui crée des chaînes de montagnes sous-marines. La géologie s'accorde à dire que, du fait du caractère des roches, il n'a pas existé, dans les temps historiques de terres importantes en cet endroit. Cette opinion a été troublée, au XIXème siècle par une expédition (celle du Professeur Termier) qui, découvrant une certaine roche au fond de l'océan (lave vitrifiée), a estimé qu'elle n'avait pu se former qu'à l'air libre, ce qui a redonné des arguments aux partisans d'une Atlantide au milieu de l'Atlantique (une observation plus récente – milieu du XXème siècle, à propos de plantes, – renforcerait ce point de vue). Mais les critiques expliquent ces découvertes en déclarant qu'il pourrait s'agir de roches en provenance des continents par les courants ou – plutôt – leur expulsion dans les mouvements tectoniques du fond de l'océan. On parle aussi de découvertes russes (à l'époque soviétique), en quelques endroits (par exemple près des Canaries ou non loin de la péninsule ibérique), concernant de formations rocheuses troublantes (naturelles, artificielles ?) mais cela n'a pas été franchement confirmé... Il faut reconnaître par ailleurs que, aux environs des Açores, existe une région moins profonde (plus de 1000 m tout de même, sauf naturellement aux abords immédiats des îles) dénommée Dolphin Ridge qui, par son emplacement, ses dimensions et sa disposition propre pourrait faire une candidate idéale pour l'île évoquée par Platon.

Et puis P. Carnac, partisan d'une Atlantide atlantique, fait remarquer avec justesse que, puisque sur la dorsale existe sur son tracé une terre importante (l'Islande), pourquoi pas une autre plus au sud ? Quant à la critique estimant que la dérive des continents – qui s'applique si bien entre l'Amérique du sud et l'Afrique – exclurait l'existence d'une terre au milieu de l'océan, elle ne parait pas aussi probante dans l'Atlantique nord . Pourquoi, donc, ne pas accepter l'éventualité d'une île de dimensions telles que fournies dans le dialogue et qui s'insèrerait entre l'Ancien et le Nouveau Monde ? ... Il n'empêche : la tonalité générale est , dans le domaine scientifique, plutôt sceptique – pour ne pas dire plus – quant à la possibilité d'une terre importante au milieu de l'océan. Il conviendrait probablement de se rapprocher des continents...

(c) Que peut-on dire de mouvements de populations ayant pu se produire à cette période ? Pour la même raison que nous avions mentionnée auparavant, pas grand chose puisque nous ne disposons pas de traces écrites jusqu'aux environs du IVème millénaire. Le mouvement de sédentarisation (la révolution néolithique) paraît partir du Proche-Orient entre -10000 et – 5000 ; on a connaissance d'une civilisation « danubienne » vers -5000 (environ) et de celle des mégalithes un millier d'années plus tard ; quant à l'expansion de peuples utilisant un langage indo-européen et provenant probablement des régions du nord de la Mer Noire et de la Caspienne (ou de l'Anatolie, ou des rivages baltes ?), elle est un peu plus tardive . Pour ce qui est de l'Amérique c'est l'inconnu jusqu'à ce que nous relevions les premières civilisations mentionnées précédemment (3000 ans avant J.C. donc pour la plus ancienne) mais nous ne connaissons rien de leurs relations conflictuelles ou non (le système d'écriture des Mayas, lui, est plus récent encore). S'agissant des Açores, elles apparaissent vierges de toute population dans l'Antiquité (comme Madère et, très au sud, les îles du Cap-Vert) et les informations que nous avons sur la population originelle des Canaries (les Guanches) ne mentionnent rien quant à des déplacements quels qu'ils soient. L'archéologie nous apporte certains éléments de vie, mais pas les événements, et les conflits que nous racontent les textes, entre les civilisations du Moyen-Orient ou leurs voisins, nous ramènent en pleine période historique, donc beaucoup plus tard. Enfin, concernant les deux principaux protagonistes de l'histoire (Atlantes mis à part), les Grecs et les Egyptiens, on connaît chez ceux-là les Pélasges (fin du néolithique) qui semblent donc les premiers à s'établir ce moment-là même si ce n'est qu'au cours du second millénaire (et surtout, évidemment, de celui qui suit) que la cité d'Athènes est bien connue . Quant aux seconds, c'est effectivement vers 3000 avant JC que l'unification entre le nord et le sud se réalise, la ville de Saïs n'apparaissant que beaucoup plus tard (après Athènes), même s'il y a, au moins pour cette dernière, quelques indices d'une existence antérieure.

(d) Un cataclysme tel que celui indiqué aurait-il pu se produire ? Et quel aurait-il pu être ?

Platon ne parle que de tremblements de terre et de déluges (nous en avons dit quelques mots au chapitre précédent), ce qui nous conduit surtout, concernant les premiers et le le Vieux Monde, vers la Méditerranée et les côtes proches (Portugal, Maroc). Naturellement, à part des souvenirs que nous rapporteraient les mythologies, ceux que nous connaissons mieux sont d'une période plus récente. Les tremblements de terre bouleversent le sol et s'il y a disparition sous les flots ils ne concernent pas une terre de l'importance qui nous est donnée dans le Critias. Quant aux tsunamis, qui en sont parfois leur conséquence maritime, on voit bien qu'ils ravagent les côtes, avant de se retirer mais il n'y a pas de submersion complète. Pluies fortes et incessantes (on pourrait penser aux ouragans américains) : là encore, il y a inondation, pas disparition sous la mer (sauf dans un cas évoqué plus loin).

Phénomènes volcaniques ? On a, par exemple, dans l'Atlantique connaissance d'îles qui surgissent de la mer (avant de disparaître ensuite dans certains cas) mais ce sont toujours des terres de superficie limitée. On pensera bien sûr, en Méditerranée, à l'éruption de Théra (Santorin), qui se produira dans la première moitié du second millénaire avant JC mais la destruction principale (indépendamment des conséquences sur la Crète et les côtes du Proche-Orient) ne concerne qu'une île d'une petite surface. Encore une fois, vu l'ancienneté supposée de la submersion atlante, nous n'avons que des récits mythologiques qui se rapportent peut-être à celle-ci...ou peut-être pas !

Chute de météorites ? Les mythologies, on l'a vu, nous en donnent une version imagée (mythe de Phaéton par exemple). On a repéré des traces réelles : en Estonie, Pologne, (bays de Caroline du nord peut-être ?) mais leur écho paraît n'avoir eu qu'un retentissement relativement local. De deux choses l'une : pour qu'une île aussi importante (semblable à la Grande-Bretagne plus ou moins) soit engloutie profondément sous les flots il faudrait que la météorite soit d'une telle taille que les conséquences auraient été bien plus terribles et pour toute la planète (qu'on songe à celle qui a causé, semble-t-il, la disparition des dinosaures). Et puis surtout, comment admettre qu'un choc, même de cette ampleur, ait entraîné l'ensemble d'une île aussi importante à deux ou trois mille mètres sous le niveau de l'océan[37] ? Et si l'objet céleste est plus modeste, il peut entraîner de gros dégâts mais pas submerger dans les fonds marins une terre aussi étendue qu'on nous la présente.

---

37 ce que contredit d'ailleurs Platon : « la boue, juste sous la surface de l'eau » : ceci évoque plutôt une submersion à une faible profondeur.

Fonte des glaces ? Elle s'est plutôt déroulée sur une longue période et l'augmentation du niveau de la mer paraît s'être faite graduellement. Cela dit, certains évoquent des phénomènes plus soudains (un gigantesque lac sub-glaciaire au Canada – le lac Agassiz – se vidant rapidement, l' irruption de la Méditerranée dans la Mer Noire en Europe...) qui ont pu se produire brutalement et marquer les esprits. On ne peut exclure également l'engloutissement de populations installées près de la mer, sous le niveau de celle-ci, et protégées d'elle par des digues qui se seraient rompues lors de tempêtes ou de pluies abondantes (le fait s'est produit par exemple aux Pays-Bas au XIIIème siècle après JC et même encore au XXème siècle)...

En tout état de cause si l'existence, au cours du néolithique, d'une grande île au milieu de l'Atlantique est très hypothétique, sa disparition brutale, quelle qu'en soit la raison apparaît encore plus difficile à admettre. Seules des terres de moindre importance et/ou toutes proches des continents ont pu être submergées.

(e) Quant à la description donnée dans le Critias, qu'il s'agisse des constructions (gymnases, hippodrome, « thermes ») ou des armées (armement, chars, chevaux...), c'est celle d'une société de la fin de l'âge du Bronze (pour le Vieux monde) donc datant du second millénaire avant JC tout au plus (on trouve même dans le Critias, à propos des rois atlantes que, pour la capture des taureaux qu' ils se mettaient en chasse « sans armes de fer » ce qui date le fait). Evidemment, on peut penser que Platon a traduit ce dont on lui a parlé en représentation compréhensible pour ses lecteurs, mais si l'on part de là...

Je n'insisterai guère sur les arguments d'ordre botanique ou zoologique[38] qui étaient présentés pour justifier l'existence de « ponts transatlantiques » – et donc de l'Atlantide – en s'appuyant sur des similarités, sur ces questions, entre l'Ancien et le Nouveau Monde. La connaissance que nous avons de la dérive des continents font que ces éléments ont perdu de leur valeur. De même, dans un autre domaine, les théories utilisant les ressemblances entre des monuments des deux continents ne peuvent guère être probants du fait des différences chronologiques entre ces civilisations[39].

---

38 par exemple, l'histoire de la migration des anguilles vers la mer des Sargasses. Les anguilles européennes, après leur vie dans les rivières du vieux continent , retournent vers cette zone de l'Atlantique nord pour s'y reproduire et mourir. D'aucuns ont prétendu que c'est parce qu'elles conservaient la mémoire des cours d'eau d'une Atlantide qui se serait trouvée là (remarquons que les profondeurs sont importantes, plus ou moins 3000m : on est loin des hauts fonds mentionnés par Platon ! Et on n'est pas ici tout près des Açores). Il est d'autres arguments (représentations d'animaux extra-américains par exemple, plantes similaires des deux côtés de l'océan) mais ils s'expliquent plutôt par le souvenir des populations provenant d'Asie par les terres émergées (Béringie) à l'époque de la glaciation (sans parler de confusion avec des animaux survivant peut-être encore au moment de leur arrivée), ou par la dérive des continents. En réalité, s'il a existé des « ponts » transatlantiques comme on l' a dit (surtout avant de connaître les théories de Wegener) cela doit remonter à un passé beaucoup, beaucoup plus ancien...
39 à titre d'exemple, les monuments que l'on a voulu comparer (pyramides mexicaines, ruines andines...) avec ceux de l'Egypte ou du Proche-Orient ne sont pas du tout de la même époque ; la plus grande partie des vestiges du Nouveau Monde sont, de beaucoup, plus récents que ceux du monde méditerranéen ou des rivages atlantiques nord-européens, même si parfois (Caral au Pérou) ils peuvent soutenir la comparaison. De toute façon, les uns et les autres n'atteignent pas l'ancienneté indiquée dans les dialogues.

Résumons-nous : force est de reconnaître, à la lumière de ce que nous venons de voir, qu'il s'agisse d'éléments géographiques ou historiques, on n'est pas vraiment enclin à prendre les dialogues platoniciens comme rapportant des faits authentiques, <u>tout au moins si on suit fidèlement ce qu'ils disent</u>. Alors que penser : le récit platonicien n'est-il qu'une fable ou recouvre-t-il une réalité, et si oui, laquelle ?

CHAPITRE IV :
ALORS, FABLE OU REALITE ?

Le moment est venu, à ce stade de mon enquête, de se poser la question fondamentale concernant la réalité de l'Atlantide : y croire ou pas ? Deux types de réponses – mais on va voir qu'il convient de les nuancer – peuvent se présenter :
- ou l'on pense qu'il ne s'agit que d'un récit fictif,
- ou l'on considère que Platon a rapporté un événement réel (et dans quelle mesure ?) .

Qu'avons-nous comme éléments pour nous éclairer jusqu'à présent ?

- A l'origine, il y a les dialogues platoniciens, et ce sont eux <u>et eux seuls</u> qui donnent naissance au mystère de l'Atlantide. S'agissant des auteurs anciens, du moins ceux qui accordent foi à ses dires, ils ne font que le paraphraser[40]. On ne peut donc s'appuyer principalement que sur le Timée et le Critias. Bien sûr, il y a Hérodote et surtout Diodore de Sicile qui nous parlent des Atlantes. Mais, même si la relation à Atlas et la proximité de l'océan sont intéressantes, reconnaissons qu'ils n'évoquent pas du tout le même type d'événement (ni agression de leur part contre l'est de la Méditerranée, ni disparition cataclysmique finale). Il y a là un rapprochement peut-être pas une identification. On ne va donc pouvoir compter

---

40 peut-être Crantor est-il plus intéressant mais nous ne sommes pas sûrs de l'originalité de ce qu'il relate... Il en est de même, a fortiori, pour ce qui est dit de Marcellus...

essentiellement que sur Platon, mais on le sait... « testis unus, testis nullus ».
- Des traditions existent concernant des déluges et des origines, dans l'Ancien et le Nouveau Monde mais si elles apparaissent (quand elles ne sont pas, manifestement, hors de propos), troublantes, font-elles vraiment référence au même événement ?
- Quant aux sciences – en l'état actuel[41] – elles ne confortent pas vraiment l'existence d'une grande île atlantique, et encore moins dotée d'une civilisation brillante, ni d'une catastrophe capable de la faire disparaître aussi radicalement...

En plus des obstacles provenant des impossibilités géographiques et des inconnues historiques, des réticences proviennent d'une autre approche, celle de la philosophie. Ainsi B. Sergent pourra-t-il écrire que « c'est en relation avec l'ensemble du discours platonicien et avec le contexte de la Grèce de la première moitié du IV ème siècle (av JC) qu'il faut chercher le sens du double récit sur l'Atlantide ». C'est ainsi que – à tout seigneur tout honneur – c'est Aristote, contemporain de Platon, qui le premier a considéré le récit de son maître comme une fable. On retrouve ce point de vue, à cette époque ou plus tard (Freret au XVIIIème, Bartoli peu après, d'autres encore...). Dans cette optique on considère que le fondateur de l'Académie étant un philosophe, il convient d'insérer son histoire dans cette discipline. Car il existe d'autres mythes dans ses dialogues et celui-ci ne représenterait qu'une invention pure, soit pour illustrer son image d'une cité idéale, en critiquant l'Athènes de son époque, ou dans un point de vue voisin, pour traduire une allégorie mythologique (lutte entre

---

41 à la fin du XIXème siècle et au début du XXème, on s'appuyait souvent sur elles et avec quelque raison. Mais les choses ont évoluées depuis...

Athéna et Poséidon). Tout au plus admet-on qu'il s'est inspiré de conflits qu'il connaissait (guerres contre les Perses, ou celle du Péloponnèse), pour la description de la ville royale des Atlantes, de cités célèbres (Suse, Babylone, Carthage) et pour la catastrophe finale des disparitions de villes antiques comme Tantalis ou Héliké par exemple (voire la catastrophe de Théra/Santorin). Pour rester dans les démonstrations les plus récentes on pourra lire, dans le domaine français, le livre de P. Vidal-Naquet , celui de B. Sergent surtout et dernièrement le petit livre de R. Treuil[42]. Entre le peu d'autres sources vraiment convaincantes et les impossibilités historiques et géographiques on peut légitimement penser que le récit ne nous présente qu'un mythe, pure création de Platon pour illustrer une cité idéale. Et pourtant...

Et pourtant, je l'ai dit, on ne peut être que frappé par l'insistance avec laquelle Platon déclare que son récit rapporte des faits véridiques (« un récit qui, même s'il est tout à fait étrange, reste absolument vrai », « un exploit...réellement ac-

---

42 « *l'Atlantide* » de P. Vidal-Naquet (éditions Les Belles Lettres) ; « *l'Atlantide et la Mythologie grecque* » de B. Sergent (éditions de l'Harmattan) ; « *le mythe de l'Atlantide* » de R. Treuil. (CNRS éditions ...). Si les deux premiers ouvrages sont riches - celui de B. Sergent particulièrement, qui développe une approche mythologique de la question (et qui avoue « avoir un moment cru Platon sur parole » !) -, le second tente de présenter la question dans son entier mais comporte, en sus d'appréciations vraiment méprisantes (voir les détails dans la partie bibliographie de mon livre) des points de vue qui sont tout à fait discutables (ceci étant d'ailleurs vrai aussi chez les deux autres. R. Treuil par exemple, qui pense qu'il s'agit d'un mythe de plus, comme celui de la Caverne. Quelle comparaison !...).

compli par notre cité »... » « quelque chose de vrai »)[43]. Certes, on peut penser qu'il ne le fait que pour donner du poids à son histoire, mais le dire une fois suffirait. Et pourquoi choisirait-il un tel adversaire à son Athènes idéale ? Pourquoi ne pas s'être servi de barbares connus – ou mythiques – localisés simplement au nord de la Grèce ou, si l'on se veut plus exotique, dans quelque royaume fabuleux situé en Orient, régions dont étaient parvenus – peu avant son époque – de puissants envahisseurs de la Grèce ? Non, cette localisation dans l'Atlantique s'explique plutôt, me semble-t-il, <u>parce qu'elle correspond à une réalité</u>. Plutôt que d'utiliser le sens du mot mythe pour appuyer leur démonstration (« fait bien connu, ce mot n'implique pas nécessairement en grec qu'il s'agit d'une légende ou d'une invention fabuleuse ») , les Argentins Imbelloni et Vivante – qui ne croient pas à l'existence de l'Atlantide – comparent, dans leur très riche et très intéressant ouvrage sur le sujet[44] les phrases du Timée allant dans le sens de la véracité du récit (nous les connaissons) et celles qui vont dans le sens contraire *(p 218 du livre)*. Ainsi ils considèrent, notamment que certains paragraphes (20d, 26a, 26d et même 27b) prouvent que le récit n'est destiné qu'à illustrer leur réflexion sur un état idéal. Qu'on en juge avec les mots suivants: « ce récit, Critias, redites le maintenant à Socrate afin qu'il juge s'il est ou non utilisable pour ce qu'il nous a prescrit »,(20d) « ...un thème conforme à nos intentions et celui-ci (l'Atlantide) nous conviendra peut-être dans une certaine mesure » (26a), «... les citoyens et la cité qu'hier

---

[43] extraits du Timée. Posidonios prétend que Platon aurait été moins affirmatif (« il est bien possible que cette histoire ne soit pas inventée ») . Si cette indication est exacte, ça paraît conforter les sceptiques ; mais on peut aussi considérer - c'est mon cas - que le philosophe aurait eu tout simplement parfois du mal à accepter un récit... qu'il sait pourtant véridique.

[44] « *Le livre des Atlantides* » chez Payot.

vous nous avez représentés comme une fiction, nous les transporterons maintenant dans l'ordre du réel »... « les citoyens que vous aviez imaginés, nous dirons que ce sont ceux-ci, les vrais, nos ancêtres, ceux dont avait parlé le prêtre » (26d), « les Athéniens d'autrefois, ces aïeux invisibles que nous révéla la tradition des écrits sacrés » (27b). Cependant, à mon avis, <u>non seulement</u> ces phrases ne me paraissent pas aller dans le sens d'un récit d'imagination <u>mais, au contraire</u>, ils iraient plutôt dans le sens inverse car on peut les interpréter comme l'utilisation d'anciens faits authentiques pour illustrer un thème de discussion ! De même P. Vidal-Naquet (p. 27 de son livre), s'appuyant sur les talents de poète de Solon mentionnés dans le dialogue en tire la conclusion que toute l'histoire relève de la poésie : et alors ? Un poète ne pourrait-il pas, même dans son art, rapporter des faits authentiques ? (cf par exemple V. Hugo à propos de Waterloo...)

Je suis donc tenté de penser que le philosophe grec a rapporté des faits historiques. Mais faut-il prendre ce qu'il a dit dans son intégralité ? Force est de reconnaître que que certains des éléments constitutifs de l'histoire semblent difficiles à accepter tels-quels, compte tenu de ce que nous disent les sciences , et qu'il faille se livrer à une interprétation . Mais dans ce cas, laquelle et pourquoi prendre tel élément plutôt que tel autre ? En 2005, réunis à Milos , en Grèce, de nombreux spécialistes du sujet se sont accordés sur 24 points auxquels « devrait satisfaire désormais un site proposé comme emplacement supposé de l'Atlantide ». Initiative tout à fait louable , même si l'on peut toujours critiquer certains de ces points[45].

Je crois que, d'une façon générale, il faudra n'admettre <u>que ce qui est compatible avec les réalités historiques et géo-</u>

---

[45] par exemple le critère 4 ; en revanche le n° 10 est judicieusement présenté... on trouvera la liste complète sur Internet.

graphiques que nous connaissons, et pour certains points, que ce qui est crédible, au regard du simple bon sens. Ainsi, concernant la datation des événements les données scientifiques que nous avons ne nous incitent pas, en principe, à accorder foi à ce que nous disent les dialogues. S'agissant de la localisation, sa précision est troublante mais, en partie pour la raison précédente et à cause d'obstacles géographiques importants[46], il sera peut-être difficile de l'accepter en l'état. En tout état de cause, on ne pourra situer l'Atlantide que dans une zone connue – plus ou moins – à l'époque de Platon, soit l'Atlantique Nord, l'Europe, la Méditerranée ou les terres qui la bordent et puis observer aussi comment s'insère le cataclysme final dans cette histoire. Enfin, il ne faudra pas oublier que, l'élément essentiel du récit est la guerre que se livrent les Atlantes et les Grecs/Egyptiens, donnée qui n'a pas toujours été prise en considération comme elle le méritait alors qu'elle me paraît l'axe de toute recherche ; quant à la description du pays des Atlantes, nous verrons ce qu'il convient d'en penser dans le dernier chapitre.

Pour résumer, il me semble donc – sans entrer dans plus de précisions et avant de développer ultérieurement – que l'Atlantide pourrait désigner une puissance située dans, ou

---

46 sans parler des connaissances pour le moins imprécises que pouvaient avoir les Anciens des contrées éloignées de leurs pays.

près, de l'océan Atlantique[47], qui a lancé, à une date à préciser, une attaque de grande ampleur contre les populations de Méditerranée orientale et dont le territoire s'est par la suite englouti sous les flots. Les propositions sortant de ce cadre (nous les évoquerons tout de même dans un autre chapitre dans la mesure où elles appartiennent à l'histoire du mystère de l'Atlantide) ne me semblent pas admissibles.

Ajoutons à cet égard que, rien , dans les dialogues platoniciens n'indique, comme l'affirmait par exemple I. Donnely, que l'Atlantide était à l'origine des autres civilisations antiques (certains voient – mais qu'est-ce qui leur permet de l'avancer ? – dans l' Egypte une fille de l'Atlantide) et, à plus forte raison, qu'elle était dotée d'une technologie avancée comme le disent les théosophes ou le suggèrent les visions d'E. Cayce.

On va voir cependant que tous ceux – et ils sont nombreux – qui se sont penchés sur le mystère, ont proposé – qu'ils adhèrent ou pas à la réalité de l'histoire racontée par Platon -, une gamme étendue de solutions en promenant, pour les pre-

---

47 se pose ici la question de la localisation des Colonnes d'Hercule. A propos de celles-ci, ainsi nommées à la suite de l'un des exploits du demi-dieu lors d'un de ses travaux (les Pommes d'or du jardin des Hespérides, localisé à l'Occident) certains prétendent , pour défendre leur thèse qu'il ne s'agit pas du détroit de Gibraltar mais de quelque lieu à l'intérieur de la Méditerranée. Or à l'époque de Platon (et même avant, Anaximandre par exemple...) c'est ce détroit qu'on désigne sous ce nom et la description mentionnée dans le Timée relative aux espaces marins qu'il sépare est assez évidente. Doit-on ajouter que lorsqu'il cite l'un des fils d'Atlas - Gadiros -, qui avait sous son autorité , la « partie de l'île située... » cela nous évoque, évidemment la ville de Gadès, située justement près du détroit reliant l'océan à la Méditerranée . Non, sans conteste, les Colonnes d'Hercule dont parle le philosophe correspondent au détroit de Gibraltar.

miers, la localisation du « continent » disparu un peu partout sur la planète...[48]

---

[48] en effet, lorsqu'on aborde la question de l'Atlantide dans une conversation, c'est généralement la question de sa situation géographique qui surgit en premier.

CHAPITRE V : LA LONGUE HISTOIRE DES HYPOTHESES

Cette histoire, qui se veut aussi complète que possible, ne pourra cependant être totalement exhaustive, dans la mesure où, d'abord, je n'ai pas pu, ni voulu, mentionner en entier tous ceux qui ont écrit sur le sujet mais seulement les plus notables [49], ensuite parce que ce domaine ayant été étudié dans bon nombre de pays, tout ce qui est paru n'est évidement pas parvenu jusqu'à moi, enfin parce que, au moment même où j'écris, de nouvelles propositions se font peut-être jour quelque part sur la planète. Cela dit, je vais quand même tenter de vous présenter un panorama, chronologique, des principales hypothèses émises depuis la Renaissance jusqu'à nos jours, sans entrer dans les détails[50].

Si, durant le Moyen-Age, la question de la véracité – ou non – du récit platonicien ne s'est guère posée[51], à la fin de

---

49 je vous ai épargné les solutions les plus... étonnantes, du style : l'Atlantide était en Bavière ou dans le pays cathare (cité par Y. Paccalet), l'Auvergne, la Catalogne ou l'Ile de France (cité par P. Carnac)...

50 celles-ci pouvant être trouvées dans divers ouvrages que nous mentionnerons dans notre bibliographie (sans aller jusqu'à la recension détaillée de Gattefossé/Roux datant des années vingt, on pourra consulter les ouvrages d'Imbelloni et Vivante, de Bessmertny, de Carnac, de Collins et « *l'Atlantide de A à Z* » de Deloux et Guillaud). Notons, selon les auteurs, quelques petites différences ; en outre, ce qui me concerne, je peux avoir placé certains chercheurs dans un siècle donné alors qu'ils ont vécu sur deux et peuvent donc être considérés comme appartenant à l'un ou à l'autre) .

51 on a connaissance que de très peu de noms, (par exemple Honorius d'Autun au XIIème siècle) et qui n'apportent pas grand chose au débat.

cette période, elle allait redevenir d'actualité. Au XVI ème siècle, la découverte de l'Amérique – jointe au renouveau des études platoniciennes, en Italie notamment – attire l'attention des lettrés sur le sujet . Contrairement à qu'on lit souvent, ce ne sont pas les espagnols Gomera et Oviedo qui ont commencé à assimiler le Nouveau Monde à l'Atlantide (le premier faisant plutôt la relation avec le continent situé par Platon de l'autre côté de l'océan, le second évoquant surtout les Hespérides) mais leur compatriote Gamboa en 1572 (remarquons qu'il est, aux temps modernes, le premier à considérer que, dans la chronologie platonicienne, les années sont plutôt à comprendre comme étant des mois). Il estime que l'Amérique – y compris celle du sud – est une partie du continent englouti. A la même époque, l'italien Fracastore voit en les indiens les descendants du peuple disparu. Tous ne sont pas convaincus : certains, comme le mémorialiste Las Cases ou l'historien de Acosta sont plus ou moins sceptiques. Mais bien qu'en cette période la relation entre Amérique et Atlantide apparaisse dominante[52], des hypothèses différentes se font déjà jour : ainsi l'anglais J. de Serres estime que la description de Platon s'applique à la Palestine tandis que le flamand Van Gorp, pour justifier, comme Gamboa, les prétentions espagnoles sur les terres récemment découvertes et en se basant sur le Critias, propose le site de Tartessos...

Le XVII ème siècle demeure relativement modeste quant au nombre des solutions proposées au mystère, et si l'identification à l'Amérique persiste (les frères Sanson publient même une carte du nouveau continent sous le nom Atlantis, et qui est divisé en dix royaumes – ceux mentionnés dans le Critias), on notera aussi la proposition de l'allemand Bock (en

---

52 certains auteurs, comme J. Dee par exemple, ou Postel, proposent même de donner le nom d'Atlantis au Nouveau continent !

1689) qui croit découvrir le royaume mythique en Afrique[53]. Mais les propositions les plus marquantes sont celles du jésuite Kircher qui, fidèle au Timée – et comme d'autres -, place le continent englouti au milieu de l'océan Atlantique (les passionnés du sujet connaissent tous la célèbre carte qui accompagne ses écrits où le sud, contrairement à l'habitude, est en haut) ainsi que celle du savant suédois Rudbeck lequel, vers la fin du siècle, s'appuyant sur les mythologies européennes et proche-orientales, estime que l'Atlantide était en Suède et à l'origine de bon nombre de civilisations[54].

A partir du XVIII ème siècle tout s'accélère car le nombre de lettrés écrivant sur le sujet augmente et les différentes hypothèses aussi ! La localisation classique – dans l'océan Atlantique – a, bien sûr, ses partisans, tels le français Cadet en 1785, Buache (qui se distingue en plaçant le continent englouti dans la partie sud de l'océan !), ou l'espagnol Ulloa, y voyant, lui, un pont entre l'Afrique et le Brésil. Remarquons, notamment pour ce qui est du continent américain, le choix d'Haïti par un certain Cabrera. L'italien Carli, pour sa part, comme son compatriote Vico auparavant, relève les analogies entre le Vieux et le Nouveau monde, mais c'est pour glorifier sa patrie en qui il voit la source de plusieurs civilisations antiques ! Dans le genre « nationaliste », pour l'anglais Blake c'est l'Angleterre qui est l'héritière de l'Atlantide. Plus connu est le grand naturaliste Buffon, chez lequel la grande île pourrait – si elle a existé – se situer vers le nord et être à l'origine de l'humanité. Pour demeurer dans ces régions septentrionales, remarquons l'opinion de J.S Bailly – futur maire de Paris – qui choisit les environs du Spitzberg comme patrie des Atlantes, dont les

---

53 à l'ouest ; Kirchmaier lui, propose l'Afrique du sud.
54 on trouvera d'autres noms, par exemple, dans le remarquable ouvrage « *le livre des Atlantides* » de J. Imbelloni et A. Vivante p. 42-43.

descendants vont émigrer vers l'Asie centrale. Mais d'autres théories surgissent : on propose la Méditerranée (Klaproth, scientifique allemand ayant découvert l'uranium), et, plus à l'est, Delisles de Sales en fait le centre d'un ensemble allant du Caucase – bordé selon lui, à l'époque, par une grande mer- à l'Atlantique. Pour rester dans cette dernière zone, signalons Pit(t)on de Tournefort qui établit un lien entre la disparition contée par Platon et un phénomène diluvien s'étant produit en Mer Noire. D'autres auteurs – soucieux de rester en accord avec l'orthodoxie religieuse (?) – assimileront l'Atlantide à la Palestine (ainsi Eurénius, pour qui un an égyptien correspond à un mois), Olivier de Marseille, Baër, et les Atlantes aux Israélites – la mer Rouge dépendant en fait de l'océan atlantique. Enfin un sceptique comme l'italien Bartoli estime qu'en décrivant la société atlante, Platon n'a voulu qu'évoquer l'Athènes antique, la guerre rapportée par lui n'étant qu'un décalque des guerres médiques; il se trouve ainsi être l'un des précurseurs de certains chercheurs incrédules de l'époque moderne, tout comme, au tout début du siècle les français N. Fréret ou d'Anville.

Le champ des hypothèses va encore s'étendre – et beaucoup – au XIX ème siècle. Bien entendu la localisation dans l'Atlantique aura toujours ses partisans, tel Bory de St-Vincent qui écrira sur les Hespérides et verra les Guanches attaquer l'Egypte, Fortia d'Urban pour qui les Celtes et les Ibères descendent des Atlantes, mais elle trouvera ses lettres de noblesse avec I. Donnelly. Cet américain, homme politique, aura en 1868 un grand succès avec son livre « Atlantis the Antediluvian World » dans lequel, comparant notamment les cultures de l'Ancien et du Nouveau Monde, il en déduira qu'elles avaient une source commune, placée entre les deux continents. Il décrira une Atlantide située autour des Açores et à la tête d'un grand empire colonial dispersé sur les deux rives de l'Océan . Pour demeurer dans cette zone, ou du moins à sa périphérie, mentionnons l'écossais Mc Culloch qui situe l'île de Platon dans les Caraïbes tandis que l'assimilation avec l'Amérique existe toujours (Kruger...) ; l'indianiste Wilford situe l'île de Platon principalement en Grande-Bretagne, le danois Klee en faisant – le premier à ma connaissance – le centre d'un empire autour de la Mer du Nord ; enfin – à cause de ses vestiges mégalithiques – c'est Malte que propose un certain Vasso. Pour sa part, l'aventurier et statisticien Moreau de Jonnes, va localiser le royaume d'Atlas dans une Mer d'Azov plus étendue qu'aujourd'hui mais notons surtout – par le succès qu'elle aura au siècle prochain – le français Friguier qui remarquera des similarités entre la civilisation décrite par Platon et la culture des Minoens. De manière beaucoup plus fantastique, Fabre d'Olivet place l'île engloutie dans l'ouest de la Mare Nostrum. Cependant, du point de vue du retentissement à l'époque et un peu plus tard, c'est dans le nord de l'Afrique que de nouvelles propositions vont situer le royaume mystérieux. Si, en 1868, un enseignant lorrain, Godron place l'Atlantide au Sahara, avec Lagneau et surtout le professeur Berlioux, c'est le Maroc qui est choisi. Il faut dire que, s'appuyant sur Hérodote et Diodore de Sicile cette hypothèse a quelques raisons d'être soutenue. Dans la même zone, Knötel, en 1893, voit les Atlantes comme une catégorie de prêtres...

Pour être complet il nous faut mentionner les « révélations » de la Théosophie. Cette organisation, fondée par l'aventurière russe H. Blavatsky, mêle, dans son message, des connaissances spirituelles indiennes et... beaucoup d'imagination. Chez ses membres, l'Atlantide, insérée dans une histoire fantastique relevant davantage de la science-fiction que d'autre chose, est extraordinairement ancienne – plusieurs centaines de milliers d'années – et démesurément grande – elle occupe une bonne partie de l'Atlantique (c'est aussi dans cette lignée que s'inscrira, plus tard, l'anthroposophe R. Steiner). Ne croyons pas que la réalité de la civilisation disparue n'a que des partisans puisque un homme comme l'explorateur Humboldt est incrédule et que pour le français Latreille on trouve l'assimilation Atlantide = Perse, le conflit n'étant là encore qu'un décalque des guerres médiques[55].

Au XX ème siècle (et je déborderai ici sur celui qui suit), avec la diffusion des connaissances et des moyens de les transmettre au grand public, c'est – en sus de reprises d'anciennes hypothèses – à un élargissement des propositions... et surtout des personnes ayant écrit sur le sujet, que nous allons assister.

Dans la première moitié du siècle il semblerait – malgré des hypothèses hasardeuses – que la question soit abordée par le monde scientifique avec une certaine considération, ce qui est beaucoup moins vrai par la suite. Commençons par les théories les plus classiques qui trouvent de nouveaux défenseurs. Ainsi pour la localisation dans l 'Atlantique, on relève les noms de l'érudit grec Phocion. Négris, des français Dacqué, Termier et de l'allemand Kadner (tout au nord) mais les noms les plus connus sont ceux de l'anthropologue Lewis Spence qui, quoique proche des milieux occultistes, n'en développe pas moins une construction rationnelle, avec des migrations préhistoriques, à la différence de l'école théosophe, où quelqu'un comme Scott- Elliot entreprend une histoire du continent englouti tout à fait fantastique. Dans la même veine que Lewis Spence et de manière tout a fait scientifique, retenons aussi G. Poisson qui, avec un même approche – conflits préhistoriques -, considère que dans les dialogues platoniciens il n'y a pas lieu de retenir le Critias. Toujours dans la même partie du monde, on ne peut pas ne pas citer, en France, la fondation d'une société intellectuelle consacrée au

---

55 il est amusant de noter que Brasseur de Bourbourg (dont les travaux seront utilisés fortement dans la genèse du fantasmatique continent de MU) d'opposant convaincu au départ deviendra un partisan de l'existence de l'Atlantide.

problème : Atlantis. Leurs responsables – R. Devigné, P. Le Cour – ne tarderont pas à se séparer, le second s'intéressant, avec son équipe, beaucoup plus à des recherches sur le symbolisme supposé de l'empire disparu. Au même moment l'un des auteurs de la très fournie « Bibliographie de l'Atlantide et des questions connexes » le lyonnais J. Gattefossé choisit lui aussi l'Atlantique (son co-auteur C. Roux étant partisan de l'Afrique du Nord). Mentionnons ici, toujours dans cette zone le célèbre livre du colonel Braghine qui, lui aussi, se base sur les similitudes entre Ancien et Nouveau Monde. Dans les premières décennies et pour évoquer des propositions assez hétérodoxes, citons celles de l'allemand Hörbiger[56], reprise après guerre, notamment par le français D. Saurat, combinant l'existence de plusieurs lunes successives, ayant favorisé le gigantisme des espèces vivantes,- d'où des géants auteurs par exemple de grands monuments tels la cité pré-incaïque de Tiahuanaco – mais finissant par s'écraser sur Terre dans des déluges gigantesques. A peu près à la même période – et dans l'esprit de l'époque -, chez les Allemands, l'Atlantide passe pour être la patrie d'origine des Aryens (Zschaetzsch). Citons aussi le strasbourgeois Karst qui lui, s'appuyant sur des récits antiques relatifs à deux Ethiopies penche pour deux Atlantides, l'une orientale, l'autre occidentale, l'allemand Frobénius qui croit retrouver le royaume d'Atlas chez les Yorubas au Nigéria et le néerlandais Wirth construisant, pour sa part, toute une théorie bâtie sur les langages primitifs et estimant que la civilisation évoquée par Platon se trouve aux environs du Groënland.

Des hypothèses paraissant davantage crédibles resurgissent. L'assimilation Atlantide-Tartessos (qui s'appuie, rappelons-le, sur la correspondance entre la description du pays des Phéaciens par Homère, dans l'Odyssée et celle de Platon dans le

---

56 Un temps prisé au sein du national-socialisme.

Critias) par exemple, défendue avec brio par le français Bérard et les allemands Schulten et Hennig, ou toutes les hypothèses s'acharnant à découvrir le mystérieux continent en Afrique du Nord[57]. Outre C. Roux, que nous connaissons déjà, dans la lignée de Berlioux, Borchardt, nous avons surtout Hermann ou Butavand, ces derniers partisans d'une localisation en Tunisie, pas au même endroit d'ailleurs (le premier dans les chotts, l'autre dans le golfe de Gabès). Au nord-ouest de l'Europe, mentionnons l'intéressante proposition du Professeur Gidon qui, constatant la submersion récente et le peu de profondeur du plateau continental entre les îles britanniques et la France, pense que c'est de ce côté qu'il faut chercher la civilisation disparue. Mais c'est en Méditerranée orientale que va se renforcer l'hypothèse crétoise, avec des noms comme Frost et surtout, un peu plus tard, Marinatos, Galanopoulos, (thèse popularisée ensuite par le Commandant Cousteau) et qui a obtenu, du fait de son côté raisonnable (richesse de cette civilisation raisonnablement ancienne, thalassocratie, proximité des lieux, cataclysme avec l'éruption du volcan de Santorin) un certain temps la considération de la communauté scientifique.

Il n'en a pas été de même[58], dans les années cinquante, pour la thèse défendue par un pasteur (austro) allemand, J. Spanuth qui proposait de situer l'Atlantide dans la mer du Nord, non loin de l'île d'Heligoland, en assimilant les Atlantes aux Peuples de la Mer qui ont ravagé la Méditerranée orientale

---

57 ce peut être le Maghreb dans son ensemble, le Maroc, ou la Tunisie (avec des variantes), voire le Hoggar..
58 surtout pour des raisons idéologiques à mon avis car cette hypothèse a été défendue, sous le IIIème Reich, dans l'entourage d' H. Himmler...

aux alentours du XII ème siècle avant notre ère[59]. Cette idée sera reprise un peu plus tard, et après d'autres, par J. Deruelle, qui en fait le centre de la civilisation mégalithique et verrait très bien dans le Dogger Bank, l'île décrite dans le Critias. Remarquons également, à la même époque, les explications données par l'autrichien O. Muck – partisan de la localisation atlantique traditionnelle, près des Açores – de la submersion de l'île disparue et de ses conséquences.

Durant ces dernières années, on va retrouver les plus importantes de ces hypothèses, et quelques autres plus originales. Avec, en France, P. Couissin , enseignant, et l'historien P. Vidal-Naquet, ou B. Sergent c'est toujours l'idée d'un simple mythe inventé par Platon pour défendre ses idées sur l'Etat qui prévaut. Pour l'Atlantique, l'écrivain P. Carnac, célèbre pour, notamment son livre sur les murs de Bimini, va nous proposer une étude approfondie[60] tandis que J. Gossart et l'équipe de Kadath[61] s'attacheront plutôt à la recherche des Atlantes et de leurs héritiers (?) (Guanches, Basques, Berbères). Notons, enfin, sur l'autre bord de l'océan, l'hypothèse intéressante de A. Collins proposant Cuba comme centre de l'empire de Platon (Spedicato, lui, verrait plutôt Haïti). En Amérique du sud, c'est sur l'altiplano bolivien que le britannique J. Allen croit retrouver la cité royale atlante. On retrouve les rivages du nord-ouest européen avec le britannique P. Dunbavin (mer d'Irlande) ou le français S. Tristan – qui suit, pour sa part Deruelle – et aussi des assimilations avec certains hauts-fonds

---

59 cf « *l'Atlantide retrouvée* » chez Plon , puis - notamment - plus tard, « *le secret de l'Atlantide* » chez Copernic, où il insiste davantage sur le mégalithisme.
60 « *l'Atlantide, Autopsie d'un mythe* », Editions du Rocher.
61 « *les Atlantes hier et aujourd'hui* » chez R. Laffont J. Gossart a écrit , ensuite, un petit livre, très intéressant, dans lequel il penche pour une solution atlantique (« *l'Atlantide* » chez Dervy).

nord-atlantiques (le plateau de Rockall par exemple), l'Irlande (Erlingsson), ou encore les côtes espagnoles . La Méditerranée orientale a toujours ses partisans (Zanger avec la Turquie -Troie !- et plus judicieusement James qui penche, lui, pour la cité disparue de Tantalis ; Sarmast avec Chypre, Manuschevitch pour qui c'est le Sinaï) mais l'ouest de la Mare Nostrum n'est pas abandonné non plus (Malte avec Mifsud, Corse et Sardaigne avec le journaliste italien Frau, et même Tartessos avec Freund ou Khüne, ce dernier y voyant le point de départ des Peuples de la Mer). Un peu plus à l'est, le français Hebert va assimiler l'Atlantide à l'île de Socotra, au large du Yemen, tandis que, plus au nord, Ryan et Pitman, vont considérer que l'irruption des eaux de la Méditerranée dans la mer Noire est à l'origine du mythe et les frères (?) Schoppe localiser sur ses rives le royaume d'Atlas. Dans des domaines plus hasardeux, vont ressurgir, chez des occultistes, l'idée de civilisations anciennes et avancées technologiquement (Comme Mitchell ou Danelek qui imaginera une société moderne allant du Moyen-orient au Sundaland)[62] et dans cette catégorie, le couple R. et R. Flem-Ath (se basant sur les tradition de déluge, les cartes de Piri Reis[63] et une théorie scientifique hardie) va proposer l'Antarctique comme tombeau de l'antique Atlantide. Enfin, récemment le scientifique J. Collina-Gérard a bénéficié d'un regard momentanément assez favorable de la part de ses pairs en proposant de considérer quelques îlots – actuellement engloutis – au large du détroit de Gibraltar comme point de départ de la migration atlante. Et j'en oublie bien évidemment...

On le voit, il y a eu quelques nouvelles propositions pour résoudre le problème mais surtout des reprises d'anciennes

---

62 se dit de terres englouties reliant les îles indonésiennes, tout comme le Sahul désigne un autre ensemble autour de l'Australie.

63 amiral ottoman du début du XVIème siècle dont les cartes donneraient certains contours américains - voire même plus au sud – inconnus à l'époque.

hypothèses. Je porterai dans le chapitre suivant un regard critique sur les les plus connues et/ou les plus vraisemblables de ces théories.

CHAPITRE VI :
EXAMEN CRITIQUE DES HYPOTHESES

Je vais donc maintenant examiner les différentes hypothèses qui ont été proposées, tout au moins celles qui ont le plus compté dans cette longue histoire[64]. Mais, même sans se livrer à une recherche approfondie, on peut se rendre compte de la différence existant entre toutes les théories proposées : si plusieurs se veulent réalistes, d'autres apparaissent nettement plus audacieuses, sans parler de certaines qui sont franchement fantastiques ! J'ai opéré un classement entre ces hypothèses : celles qui m'apparaissent invraisemblables, d'autres qui ne me semblent pas très crédibles, les dernières, enfin, plus dignes de considération , étant bien entendu que la frontière entre ces catégories est parfois floue et qu'on pourrait aisément faire passer certaines d'un groupe à un autre...

A – les Atlantides invraisemblables

Alors là, avec les écrits des théosophes alimentés par une « clairvoyance astrale », on se trouve dans un univers vraiment fantastique[65] ! Le continent englouti est immense (il

---

[64] comme je l'écrivais au chapitre précédent, et ignorant le raisonnement ayant abouti à leur énoncé je ne parlerai pas ici de certaines hypothèses vraiment farfelues . Si certaines (Sri-Lanka,, Pays-Bas...) peuvent - et encore ! - présenter l'esquisse d'une justification, disons...compréhensible, par quels cheminements étranges arrive-t-on à proposer la Bavière, l'Auvergne, l'Ile-de France ou un lac du Wisconsin ? ....

[65] voir le livre de Scott-Elliot « *Histoire de la Lémurie et de l'Atlantide* » (édition Moryason) et « *Visions de l'Atlantide* » d'E. Cayce paru chez J'ai Lu, l'Aventure Mystérieuse .

couvre presque la totalité de l'océan Atlantique), est ancien de plusieurs centaines de milliers d'années, subit plusieurs cataclysmes (celui de Platon n'étant que le dernier, à la date mentionnée par les dialogues), est habité par des peuples aux noms parfois historiques (mais ne correspondant pas à l'histoire qu'on leur connait : Toltèques, Akkadiens) ou pas (Rmoahals...) et dotés d'une technologie futuriste (bateaux aériens...) s'appuyant sur une énergie mystérieuse ! Dans une veine similaire, le fameux médium américain E. Cayce, lui, nous révèle ses visions dans lesquelles l'Atlantide, un peu moins ancienne, un peu plus petite, dont la science est également en avance sur notre époque et qui voit s'affronter deux factions politico-religieuses. Là aussi, les cataclysmes se succèdent, le dernier correspondant à celui de Platon ...

Naturellement, outre les invraisemblances évidentes (géographiques, historiques), où trouve-t-on, chez le philosophe grec de quoi nourrir ces descriptions ? Certes il est dit que le continent « est plus vaste que l'Asie et la Libye » (mais on sait ce que recouvre exactement cette affirmation) ; bien sûr les visions d' E. Cayce ont attiré l'attention sur les îles des Bahamas (Bimini) où existent des structures sous-marines qu'on a pu attribuer à la civilisation disparue[66] mais à part cela, on se trouve en pleine science-fiction ou héroïc-fantasy, rien de plus.

Dans le même ordre d'idées, on peut citer les thèses hörbigeriennes, défendues notamment en France par D. Saurat[67]. Le savant autrichien, un temps prisé sous le IIIème Reich, voyait dans l'Univers une lutte entre la glace et le feu. Il pensait que la Terre avait connu plusieurs lunes successives qui

---

66 dont l'origine artificielle est contestée..
67 lire « *l'Atlantide et le règne des Géants* » chez J'ai Lu, l'Aventure Mystérieuse . L'auteur insiste davantage sur la civilisation des géants antédiluviens que sur l'Atlantide proprement dite .

s'étaient écrasées sur notre planète, chaque phase de rapprochement coïncidant avec une période de gigantisme (plantes, dinosaures...). Les géants à la fin de l'époque tertiaire auraient ainsi bâti la cité de Tiahuanaco, en Bolivie, à l'époque en bord de mer (les Andes ayant surgi ensuite !), à qui il est prêté une ancienneté fabuleuse et qui aurait inspiré le fondateur de l'Académie...

Outre que la théorie cosmologique n'est évidemment pas admise de nos jours, l'ancienneté de la ville andine apparaît très, très exagérée (on la date habituellement, jusqu'à nos jours, de quelques centaines d'années avant notre ère mais même si elle se révélait être plus ancienne, cela n'atteindrait pas les dates présentées ici). Et quel rapport avec les faits décrits par Platon ?

A peine moins fantastiques (?), on pourrait placer ici les théories développées par Karst (deux Atlantides, l'une orientale, l'autre occidentale), celles de Fabre d'Olivet ou Delisle de Salles plaçant le continent englouti, le premier dans la Méditerranée occidentale (où les Atlantes, de race noire - ! – sont opposés à des Hyperboréens blancs), le second comme un empire allant du Caucase à l'Afrique du nord, à l'époque où la mer aurait recouvert (?...) bon nombre de contrées environnant ces deux régions montagneuses.

Est-il besoin de dire que ces affirmations géographiques et historiques ne correspondent en rien à ce que nous savons du passé ni même avec ce qui est rapporté dans les dialogues ...

B- <u>Les Atlantides pas crédibles</u>

L'hypothèse Antarctique, (audacieuse mais, quoique fantastique, se pare d'arguments davantage « scientifiques »). Elle découle, principalement, des fameuses cartes de l'amiral ottoman Piri Reïs sur lesquelles certains ont pensé voir le contour de côtes américaines et antarctiques évidemment mal ou pas connues à l'époque de la réalisation de ces documents, ainsi que d'une théorie scientifique très controversée supposant le déplacement rapide des continents. C'est ainsi que, comme l'écrivent R. et R. Flem-Ath, leurs vulgarisateurs les plus connus[68], le continent du pôle sud abritait , avant un déplacement de la croûte terrestre, vers 10 000 av JC, une civilisation qui dominait les mers et qui après la catastrophe recouvrant leur région d'un épais manteau de glace, a essaimé sur les plus hauts sommets du globe pour y relancer l'agriculture.

Il est évident qu'il n'y a là – même en faisant abstraction de phénomènes géologiques discutables (la science affirme que la glaciation est beaucoup plus ancienne) – aucun rapport avec les dialogues platoniciens: on est bien loin des rivages méditerranéens. Et, comme de bien entendu, les preuves de l'existence de la capitale atlante se trouvent sous la glace, où il n'est pas possible d'aller voir...

L'Océan indien . D'aucuns se basant sur le fait qu'autour des îles indonésiennes le plateau continental (connu sous le nom de Sundaland), de peu de profondeur, a pu abriter des populations à une époque reculée (c'est très vraisemblable), en ont déduit qu'il s'agissait là de l'empire atlante. Mais si chaque fois qu'il y a une terre disparue sous les flots, on pense à l'Atlantide ... Rien ne rattache ces terres au monde méditerranéen. Il y a eu probablement des civilisations englouties, en Inde par exemple, mais tout ceci n'a aucun rapport avec le récit de Platon. Signalons, c'est un peu plus près de la Grèce, la thèse défendue récemment par un confrère autodidacte, J. Hébert[69] qui a prétendu découvrir en l'île de Socotra (au

---

68 leur ouvrage « *When the sky fell In search of Atlantis* », non traduit en français , est paru chez Orion books Ltd.
69 J. Hébert« *l'Atlantide, la solution oubliée* » aux éditions Carnot.

large du Yemen) le sommet du continent disparu. Cette idée s'appuie sur le fait que, chez certains anciens (Strabon par exemple), l'océan Atlantique désignait l'ensemble des eaux entourant l'Europe, l'Asie, l'Afrique. L'auteur refuse de placer les Colonnes d'Hercule à Gibraltar mais les voit à l'entrée de la Mer Rouge! Sans revenir sur cette affirmation bien plus discutable que celles qui placent les dites Colonnes en divers lieux de la Méditerranée, son explication de la guerre relatée dans le Timée est tout à fait fantaisiste (il voit les Grecs attaquer des Atlantes ancêtres des Phéniciens !). Non, ce n'est vraiment pas de côté qu'il faut chercher...

La Palestine. Cette localisation, qui veut que les Atlantes soient en réalité les Israélites, a surtout comme arguments la comparaison entre les noms des fils d'Atlas et ceux des dix tribus (perdues) d'Israël, l'interprétation des dates données par le dialogue (au lieu d'années il faut comprendre mois), et quelques autres moins importants (la catastrophe finale étant la destruction de Sodome et Gomorrhe et, là encore, la croyance que la Mer Rouge est un appendice de l'océan atlantique, ...). Mais où est le conflit ? Et puis la disparition sous les eaux... ici !!...

En Amérique : deux types d'hypothèses : celle qui, depuis le début assimile – d'une manière ou d'une autre – l'Atlantide à l'Amérique et on a pu déjà constater qu'il y a là une mauvaise interprétation du texte de Platon : après avoir situé le royaume englouti dans l'océan, il mentionne des îles au-delà puis un continent qui mérite vraiment son appellation, plus loin. Il ne peut par conséquent y avoir confusion entre les deux[70]. Cela vaut donc aussi pour les localisations en Amérique du sud . Et,

---

70 voir , à cet égard la remarque de bon sens de Montaigne, dans le livre I des Essais, chapitre XXXI, les Cannibales.

précisément, signalons-en une plus récente, du britannique J. Allen notamment, qui prétend retrouver l'île engloutie sur les hauteurs de l'altiplano bolivien, tout cela parce que, près du lac Popoo en Bolivie , dans une plaine paraissant correspondre à la description du Critias se trouve un village cerné de ce qui semble être des canaux...[71].

Naturellement, cette Atlantide, qui n'avait pas assez près de chez elle[72], de régions à dominer, est allée en Méditerranée pour cela ; en outre elle n'est pas sous la mer, mais sous les eaux d'un lac (plus ou moins), à plus de trois mille mètres d'altitude, ...Doit-on en dire plus ?

Le Nigéria : le promoteur de cette hypothèse , l'allemand Frobénius ,après une étude sur des points communs entre diverses sociétés du Pacifique à la Méditerranée[73] aboutit à la conclusion que l'Atlantide devait être localisée au Nigéria actuel, au pays des Yorubas , près de la mer, (la description du philosophe s'applique à un pays tropical, les canaux atlantes sont les méandres du Niger, une divinité locale peut être assimilée à Poséidon...), cette civilisation étant l'héritière d'une autre comprenant Tartessos et les (proto) Etrusques .

---

71 consulter à ce propos les pages 54 à 59 consacrées à cette hypothèse dans « *l'Atlas de l'Atlantide...* » aux Editions Vega. Un autre chercheur s'oriente, lui, vers Tiahuanaco, comme vestige atlante, sans tomber dans les excès de D. Saurat .

72 on comprendrait mieux une localisation en Amérique centrale - certains l'ont défendue - qui, elle, a une façade atlantique... ce qui n'est pas le cas des sommets andins ! Un mot en passant des recherches du fameux colonel Fawcett, disparu en Amazonie en 1925, qui ne cherchait pas précisément l'Atlantide au Brésil, comme on le dit parfois, mais plutôt une cité qui en était, peut-être, une colonie.

73 l'auteur s'en explique dans son livre « *Mythologie de l'Atlantide* » (Editions Payot) mais il est plus facile de consulter le résumé qu'en fait A. Bessmertny dans son livre « *l'Atlantide* » paru également chez Payot.

Il note que ces derniers appartenaient aux Peuples de la Mer ayant envahi la Méditerranée orientale à la fin de deuxième millénaire avant JC. Bien vu mais...

Pourquoi avoir été placer l'Atlantide sur les rivages du Golfe de Guinée !? Le fondateur de l'Académie n'aurait-il pas alors mentionné la peau noire des Atlantes ? Et l'engloutissement ? Quant à la date ! (la civilisation d'Ifé dont il parle est de toute façon bien plus récente que la date citée par Platon, que cette dernière soit prise au pied de la lettre ou pas). Alors bien sûr il y a des éléphants en Afrique de l'ouest...Non, vraiment ça ne tient pas debout.

L'Arctique : Ce dont il est question ici c'est d'une Atlantide réunissant le Groënland et d'autres terres boréales extrêmes. La première mention de cette hypothèse (dans la période moderne) apparaît sous la plume du futur maire de Paris sous la Révolution française, J.S. Bailly, sous l'influence de Buffon. Il explique qu'il y a très longtemps, les terres proches du pôle nord jouissaient d'un climat plus doux mais que, par la suite, à cause d'un refroidissement climatique, les populations de ces contrées ont du émigrer vers le sud (le centre de l'Asie en l'occurence). Il les désigne comme les Atlantes, qui deviendront par la suite les Aryens (on rejoint là les traditions indhoues qui voient les Aryas venir des régions polaires). Il y a là assimilation avec les Hyperboréens de la mythologie grecque. Dans cette optique s'engouffreront aux XIXème et XXème siècles des allemands dans une démarche nationaliste/raciste. Le néerlandais H. Wirth proche du IIIème Reich développe, quant à lui toute une théorie basée sur l'étude des premières écritures (?) constatées des deux côtés de l'Atlantique nord et en conclut – des différences étant apparues après 8000 av JC - , à la disparition de ce qui reliait les deux continents, l'Atlantide en l'occurence).

Sans parler de l'étude paléographique de Wirth et de ses

conclusions quant à l'existence des premiers habitants polaires (les « Thuléens ») qui ne correspondent pas vraiment à ce que l'on sait aujourd'hui des Inuits et de leurs ancêtres, l'hypothèse de régions tempérées autour du pôle ne tient plus, tout au moins aux temps protohistoriques. L'assimilation Hyperboréens / Atlantes n'apparaît guère dans les textes anciens (même s'il faudrait peut-être nuancer cette affirmation) en tout cas si on les imagine vivant dans les régions arctiques . Et puis, bien sûr, nulle mention de conflit, ...tout à fait discutable...

En transition entre ce qui vient d'être dit et le paragraphe suivant, je voudrais mentionner certaines théories qui me semblent moins invraisemblables – car s'insérant dans un cadre historique – que les précédentes. Ainsi :

Les îles de la Méditerranée (Crète exclue), les rives de la Mer Noire, enfin quelques cités antiques disparues. S'agissant des îles méditerranéennes on trouve Chypre – près de laquelle un chercheur a prétendu découvrit des vestiges (découverte très contestée aujourd'hui), Malte (où se trouvent certes de beaux monuments mégalithiques), la Sardaigne mais... ces dernières n'ont pas déclenché d'importantes invasions (même si les Sardes ont une relation avec les Peuples de la mer dont nous parlerons bientôt) et surtout n'ont pas disparu sous les flots que je sache ! Ceux qui défendent ces théories prétendent que les Colonnes d'Hercule ne se situent pas à Gibraltar mais, par exemple, à la place du détroit de Messine. Faut-il rappeler que ce que Platon décrit comme le fameux détroit reliant l'océan Atlantique à la Méditerranée est clairement le détroit de Gibraltar !...Autre hypothèse intéressante, même si ça paraît surprenant, une localisation près de la Mer Noire. En effet cette mer, auparavant séparée de la Méditerranée et moins étendue qu'aujourd'hui, a abrité sur ses rivages des sociétés plusieurs milliers d'années avant JC (on parle notamment de la culture de Karanovo en Bulgarie et de l'écriture- ? – de Tartaria en Roumanie...). L'envahissement de portions de rivages importantes par les eaux a sûrement marqué les populations mais la datation de ces sociétés (5 à 6000 ans av JC) ne correspond pas avec celle de Platon (corrigée ou non) et là encore nous ne savons rien d'une hypothétique agression puisque nous sommes dans une période proto-historique. En outre, le plus important est que nous ne sommes pas ici dans l'océan occidental ![74]

Enfin certains ont prétendu que Platon, pour évoquer la disparition de l'île d'Atlas a pu s'inspirer de celles de certaines cités englouties, comme Héliké ou Tantalis ce qui est beaucoup plus défendable (et même possible) mais cela ne tient plus quand on rapproche cette explication du récit sur l'invasion... Plus particulièrement, l'identification faite par Zangger (on la trouve présentée dans le petit livre de R. Treuil) avec Troie m'apparaît vraiment tirée par les cheveux (certes il y a une guerre avec les Grecs, mais quid du reste ?)

C- <u>Les hypothèses plus sérieuses</u>

1) Tartessos

Hypothèse connue, défendue, notamment, par des auteurs allemands (Schulten, Hennig) qui considèrent que l'ancienne cité du sud de l'Espagne – dont l'existence est en général reconnue – est l'Atlantide, en se basant sur l'importance de cette civilisation – elle, indiscutée -, sa richesse minière, sa situation et surtout la ressemblance entre la description de

---

74 notons une double catastrophe dans cette histoire. La première par la fonte des glaces du nord de l'Europe et qui aurait - vers 8, 9000 av JC augmenté le niveau du grand lac qu'était la mer à l'origine, l'autre plus récente (5 à 6000 av JC) évoquerait l'irruption de la mer Noire par les eaux de la Méditerranée en brisant le verrou du Bosphore (et certains en font une source du déluge biblique).

Platon (dans le Critias) et celle d'Homère (dans l'Odyssée) relative à la Schérie (le pays des Phéaciens). Par ailleurs les vestiges de cette ville se trouveraient dans les zones marécageuses de l'embouchure du Guadalquivir, ce qui correspond à la description que fait Platon de ce qui suit la submersion (faible profondeur, boue). Il y a aussi, dans les noms des fils d'Atlas, celui de Gadiros, qui nous oriente – par sa dénomination comme par sa localisation – vers cette région.

Intéressant…Seulement cette ville, non seulement n'a pas été engloutie mais aurait été détruite par par les Carthaginois et vers 500 avant JC. Alors il est vraisemblable que les ruines ont dû disparaître sous les alluvions du Guadalquivir, que cette civilisation est bien située de l'autre côté des Colonnes d'Hercule et que, comme plusieurs chercheurs l'ont – à juste titre – remarqué, il y a de nombreuses similitudes entre le pays des Phéaciens et celui des Atlantes, dans le Critias. Il est bien possible que lorsque Homère parle du pays des Phéaciens, il fasse allusion à cette contrée[75] mais, outre le fait que ni la date, ni les circonstances de sa disparition ne correspondent, il n'est fait nulle part référence à un conflit entre les Grecs et elle (sauf, peut-être, une rivalité commerciale) qui, de surcroît ne me paraissait pas exercer pas sa domination sur « la Libye jusqu'à l'Egypte et l'Europe jusqu'à la Tyrrhénie ». Cette théorie ne peut donc pas être retenue.

2) l'Afrique du Nord

La force de cette hypothèse tient au fait qu'elle s'appuie sur Hérodote et surtout Diodore de Sicile dont on a donné les descriptions au chapitre II. L'appellation « Atlante » désigne

---

75 on identifie généralement le pays des Phéaciens avec l'île de Corfou, ce qui me paraît difficile à admettre compte tenu des indications géographiques - éloignement de ce pays par exemple (même si le retour rapide d'Ulysse à Ithaque - à condition que ce ne soit pas une clause de style - peut plaider en sens contraire …)

donc bien des peuples vivant près de l'Atlas et sur les bords de l'océan. Certains (Berlioux*)* en tirent des conclusions qui vont au delà. L'Atlantide se voit placée au Maroc ou comprend tout le Maghreb (Roux) séparé par une zone maritime (hypothétique) du Sahara . D'autres placent plutôt l'île engloutie en Tunisie, soit près des chotts actuels (Borchardt, Herrmann), soit (Butavand) dans le golfe de Gabès . Dans ces dernières on conteste également l'assimilation Colonnes d'Hercule/ Gibraltar et on les déplace vers l'est (entre l' Italie et la Tunisie ou à l'intérieur de celle-ci). On mentionnera, pour mémoire l'assimilation, par Godron du royaume d'Atlas avec le Hoggar, rendue célèbre par le roman de P. Benoit (mais nous voilà bien loin d'un océan !)

Oui, il y a bien sûr l'appellation et le récit de Diodore mais dans celui-ci, la terre de ces Atlantes ne s'engloutit pas franchement dans les flots (certes on parle , chez Diodore de « grandes pluies » à propos de Basiléia, fille d'Ouranos qui, ici, se subsitue à Poséidon... Et il est vrai que la côte marocaine est une zone sismique sensible) mais ce peuple ne paraît pas vraiment guerrier, en tout cas pas au point d'attaquer les royaumes de l'Orient (à moins qu'on les assimile aux Libyens avec lesquels les Egyptiens ont été en guerre...mais quid de la domination sur « la Tyrrhénie ?) . Peut-être le nom et l'éloignement ont-ils inspirés Platon ? Et si le Maroc, lui, offre des pistes de réflexion intéressantes (même non concluantes), on a du mal à admettre la réalité d'un bras de mer séparant l'Afrique du Nord du Sahara . Quant aux localisations situées dans ou près de la Tunisie, elles apparaissent bien fragiles qu'il s'agisse des chotts ou de la supposée submersion d'une terre entre Sicile et continent africain . Et où est le conflit ?

Si les indications fournies par Hérodote /Diodore de Sicile désignent bien un peuple de l'ancien Maroc, près de l'Atlantique et même si, chez Platon, les Atlantes dominent la Libye, parle-t-on bien des mêmes ?

Passons enfin aux trois solutions qui, pour des raisons diverses, me paraissent davantage justifiées.

3) l'Atlantique

Nous sommes ici dans le site idéal correspondant à la description platonicienne du Timée : des îles – qui seraient les sommets émergés de l'ancien continent –, comme les Açores, situées en face plus ou moins du détroit de Gibraltar et ayant de l'autre côté le continent (l'Amérique) précédé d'îles (Antilles). Voyons cela en détail. C'est vrai que ceux qui défendent l'hypothèse principale (une grande île centrée autour des Açores ; là où se trouvent des hauts fonds – par rapport aux fosses océaniques à l'est et à l'ouest – d'une profondeur de plus de 1000 m, tout de même !) respectent presque complètement la description platonicienne et ils font leur la datation du récit. Par ailleurs, outre les faits d'origine botaniques ou zoologique, aux XIX ème et XX èmes siècles ils – Donnelly, Braghine ...- s'appuient sur les ressemblances existant entre les monuments précolombiens et égyptiens, par exemple. L'autrichien O. Muck voit la submersion provoquée par la chute d'une météorite dont il trouve des traces en Amérique du nord et prétend que la disparition de ce territoire a ouvert la voie au Gulf Stream entraînant le réchauffement de l'Europe du Nord peu après.

On a vu que les arguments d'ordre botanique ou zoologique ne sont pas vraiment probants ; quant à la comparaison entre les civilisations des deux côtés de l'océan, elle ne peut guère être retenue du fait de la différence d'époque de leurs constructions respectives (de toutes façons aucune d'entre elles ne remontent à la datation évoquée par Platon).

Mais surtout, à la base, il y a le fait que la zone n'a pas changée depuis beaucoup plus longtemps que les neuf mille ans mentionnées dans les dialogues, comme on l'a vu au chapitre

III, et que les îles en question sont le fruit d'une émersion et non les vestiges de terres submergées. Certes, P. Carnac soutient que l'Islande, terre d'une certaine superficie se trouve bien sur cette même ligne de fracture (la dorsale atlantique), ce qui est exact. Quant à la disparition racontée par O. Muck elle est grandiose et s'appuie – notamment – sur des traces de météorites (?) trouvées en Amérique (les bays de Caroline) mais il n'en est pas moins vrai que l'effondrement d'une masse continentale est difficile à admettre même sous le choc d'une telle collision . Enfin, contrairement aux Canaries, il n'y a pas, sur les Açores, de trace d'une population autochtone qui se serait réfugiée sur des hauteurs devenues ensuite ces îles après le cataclysme, et puis où trouver les bas-fonds vaseux cités dans le Timée ? Certains évoquent les Sargasses, ce qui n'est pas tout à fait au même endroit...Brièvement citons deux autres localisations : les hauts-fonds[76] du Rockall, au nord-ouest des îles britanniques (ou d'autres plus au sud) car ils paraissent se rapprocher des dimensions fournies par Platon, dans le Critias. C'est bien peu... S'agissant plus particulièrement des Canaries, l'équipe de la revue belge Kadath y verrait bien l'origines des populations cro-magnoïdes avec les survivances chez les Guanches, Basques, Berbères...Et il est vrai que, à cause de son peuplement mais aussi de sa position, cette identification apparaît tout à fait défendable. Cependant, les profondeurs océaniques proches et le fait que la population semble venir du continent (plutôt que l'inverse) contrarient cette hypothèse. Et surtout, rien ne corrobore l'existence d'un empire centré ici et dominant – en sus de l'Afrique jusqu'à l'Egypte – une partie de l'Europe jusqu'en Italie.

Pour ce qui est des Caraïbes l'hypothèse d'A. Collins[77] pré-

---

76 aux environs de 1000 m de profondeur tout de même... Cette hypothèse fait parfois la jonction avec une Atlantide arctique.
77 A. Collins « *Les routes de l'Atlantide* » , (édition La Huppe).

sente un intérêt certain mais elle ne me paraît pas concerner « notre » Atlantide. En effet on voit mal une puissance centrée sur cette zone – même si elle domine, comme dans le récit platonicien, certaines partie du continent américain – assujettir l'ouest de l'Europe et l'Afrique du Nord puis attaquer les Egyptiens et les Grecs : là encore, elle aurait sûrement mieux à faire près de chez elle ! (sans compter le problème de la datation et les indications du récit moins respectées : les îles entre l'Atlantide et le « continent » que deviennent-elles ?) Enfin , il y a l'hypothèse de J. Collina-Gérard – quelques îles au large du détroit -, un temps considéré avec intérêt par certains scientifiques . Certes il respecte le calendrier platonicien, sa localisation (plus ou moins), et attribue l'engloutissement à la fonte des glaces... mais son Atlantide est exagérément petite (ne pouvant donc abriter une civilisation notable) et incapable de générer une invasion de grande taille (sans parler que la fonte des glaces n'a pas eu lieu « en un jour et une nuit funeste »). Et puis, une nouvelle fois, imaginer que les Egyptiens auraient conservé un souvenir de cette époque reculée...

4) la Crète

Ah ! nous voici à présent dans l'hypothèse qui a séduit le monde scientifique, à un moment...une thalassocratie brillante, ayant dominé la Grèce continentale, proche de l'Egypte, un grand cataclysme, semblant s'adapter au calendrier platonicien, à condition de l'interpréter, bref tout ceci nous ramène à une époque historique, dans une région proche de la Grèce. Tout pour plaire au chercheur « sérieux »... Mais...

On remarquera bien sûr que la Crète – et même Santorin – n'ont pas disparu sous les flots et pour qui connaît la dernière on voit mal des fonds vaseux dans le cratère de l'ancien volcan . Mais surtout on ne se trouve pas là de l'autre côté des Colonnes d'Hercule. Les défenseurs de cette thèse s'en tirent en refusant l'identification de ces dernières avec le détroit de

Gibraltar, indiquant également qu'on a mal interprété le caractère grec relatif à la localisation : une confusion , à propos de l'île entre « plus grande » (que la Libye et l'Asie) et « entre » (ces deux contrées). Discutable. Ils voient dans une plaine en Crète – et on n'est plus à Santorin - , celle décrite dans le Critias . S'agissant de la date, il y aurait là aussi une mauvaise compréhension : il faudrait lire cent là où est indiqué mille. Ce qui n'est pas idiot dans la mesure où, je l'ai dit la datation indiquée dans les dialogues est sujette à discussion.

Pas mal donc ... sauf que, même en s'inscrivant dans cette démarche il y a une différence entre la date de la disparition et l' éruption catastrophique du volcan de Théra (Santorin), qui s'est produite deux cents ans avant ! Par ailleurs la confusion entre les hiéroglyphes signifiant cent et mille est un peu difficile à admettre de la part de prêtres égyptiens ayant rapporté l'histoire. Enfin, il n'y a pas eu, à ma connaissance de conflits entre les Crétois d'un côté les Gréco-Egyptens de l'autre (cela dit les Philistins, appartenant aux « Peuples de la Mer » paraissent venir ou avoir transité par la Crète) : notons l'observation relevée par Y. Paccalet[78] pourtant partisan de cette thèse . Et puis, in fine, répétons-le, la localisation platonicienne est assez claire : « devant le détroit qui (...) selon votre tradition , est appelé les Colonnes d'Héraclès ». Imaginer que les Egyptiens aient considéré que la civilisation crétoise, qu'ils connaissaient bien, qui est fréquentée ultérieurement, soit confondue avec une autre éloignée – ils le disent – de leur domaine, dans l'océan, ne paraît pas très crédible ! Non, il est possible que la catastrophe – il est vrai que le site de Santorin est impressionnant- et la richesse de cette civilisations aient

---

78 « les Minoens sont les moins belliqueux ... » reconnaît l'auteur (ce qui n'empêche pas les envahisseurs de les avoir entraînés ou d'être passés par leur île). Certes, avec le mythe de Thésée, on a le souvenir d'une prédominance crétoise sur la Grèce continentale...c'est bien peu...

inspiré Platon mais de là à en faire l'origine exclusive de son récit...

5) Celtique, Nordique

Il ne s'agit pas ici de l'ancienne assimilation (Rudbeck) qui fait de la Suède l'ancien royaume d'Atlas (que cette terre soit à l'origine de nombreux peuples germaniques est un fait mais n'a pas à intervenir ici...) Non, ce dont il est question c'est d'une localisation qui varie ici entre ceux (Spanuth, Deruelle, Tristan) qui voient l'Atlantide en Mer du Nord et d'autres (P Dunbavin, succédant à de plus anciens auteurs) et qui la placent autour des îles britanniques[79]. Et n'oublions pas l'étude du Pr Gidon, dans la même zone (dans son étude fouillée sur l'origine des Peuples de la Mer, J.J. Prado évoque, lui, les rivages armoricains). Certes ces emplacements paraissent un peu éloignés par rapport à la Méditerranée (encore que...) mais ils ont pour eux une possibilité de submersion admissible, les régions concernées sur le plateau continental n'étant pas d'une grande profondeur ; et surtout , en considérant – pour les premiers, – que les années indiquées par Platon doivent être lues comme étant des mois, cela nous ramènerait à une date historique correspondant à l'invasion de la méditerranée orientale par les Peuples de la Mer, – en qui Spanuth voit les Atlantes – et à des perturbations climatiques ayant entraîné l'exode de ces peuples nordiques. Chez Dunbavin, il est proposé une datation différente : s'appuyant sur diverses chronologies, il considère qu'un événement catastrophique (choc avec

---

[79] P. Dunbavin « *Atlantis of the west* » paru chez Robinson. Dans ce secteur, on a prétendu aussi - à l'instar de la Sardaigne mentionnée plus haut - voir l'Atlantide en Irlande...qui, comme chacun sait a disparu sous eaux !

une météorite...)[80] s'est produit aux environs de 3000 avant JC . L'hypothèse de Spanuth propose Heligoland – au large de l'estuaire de l'Elbe – comme le centre atlante et il est vrai que cette île a un caractère sacré (son nom – la Terre sacrée – parfois désignée comme Fositeland du nom d'un dieu local, – et l'on remarquera l'analogie entre Fosite et Poseïdon) et qu'il a trouvé, non loin, quelques vestiges ... J. Deruelle[81] lui, verrait bien les hauts fonds du Dogger bank comme correspondant au territoire décrit dans le Critias .

La proposition de Dunbavin, si l'idée d'une météorite semble intéressante, ne tient plus pour le reste (l'ancienneté, l'invasion). J. Spanuth présente un grand nombre d'arguments plutôt convaincants et l'ensemble apparaît crédible. Cependant... outre la question de l'orichalque – sur laquelle nous reviendrons dans le chapitre suivant – quid du continent situé en face et qui entoure l'océan ? Spanuth s'appuie beaucoup sur les ressemblances entre le royaume atlante et celui des Phéaciens mais les dits Phéaciens ne sont pas particulièrement belliqueux... Notons aussi que chez Platon l'engloutissement survient après la guerre alors que pour l'auteur allemand c'est lui qui provoque la migration . Ajoutons également que, s'agissant des Peuples de la mer, la plupart des spécialistes considèrent, du fait de leurs appellations, qu'ils ont leurs origines en Méditerranée et pas au nord. Par ailleurs dans ses derniers ouvrages, Spanuth assimile la culture atlante avec celle des mégalithes, comme Deruelle le fait aussi...et il est vrai que s'il y a bien une civilisation ouest-européenne et atlantique c'est elle, mais elle est antérieure au calendrier

---

80 ce qui fait beaucoup de météorites en quelques milliers d'années ! Dunbavin (- 3000), Spanuth (-1200), sans parler d'autres (Estonie..., moins hypothétiques, ou sont-ce les mêmes ?) Et je ne parle pas de celle d'O. Muck, (thèse atlantique) en – 8000 !
81 comme avant l'allemand HK Horken.

proposé par l'auteur allemand[82] et, de toutes façons, nous ne connaissons rien de son histoire. D'autres arguments d'ordre archéologique, ont été opposés à la démonstration de Spanuth (mentionnés sur Internet). Donc même si cette présentation paraît la plus séduisante, demeurent encore des points contrariants (par exemple la plaine atlante étant entourée de hautes montagnes, où sont-elles passées dans l'identification de celle-ci avec le Dogger Bank ?).

Alors ??...

---

82 Autrichien de naissance, il a longtemps vécu en Allemagne;

CHAPITRE VII :
MA VISION DE L'ATLANTIDE

Je crois avoir avoir, dans des chapitres précédents, montré quelles théories me paraissaient les plus dignes d'intérêt même s'il s'y trouvait toujours quelque chose d'insatisfaisant. En m'appuyant principalement sur les dialogues platoniciens (j'ai expliqué pourquoi), voici maintenant à quelles conclusions (?), toutes ces lectures et les réflexions qui en ont découlé m'ont conduit. Ma démonstration s'articule autour de sept points essentiels :

(1) On l'a vu : je pense que le récit de Platon recouvre une réalité. On pourra me dire qu'il s'agit d'un choix arbitraire et soutenir l'opinion opposée : certes, mais moi, j'ai choisi de le croire car il insiste vraiment trop sur la véracité des faits et les arguments tendant à présenter l'histoire comme une oeuvre d'imagination ne me paraissent pas convaincants. Mais faut-il le suivre en totalité ou pas ?

(2) Voyons donc à nouveau les deux dialogues. Ce qui frappe d'emblée, c'est <u>la différence entre les deux textes</u>. Dans le Timée, on nous parle brièvement d'un conflit très ancien entre les Grecs et des ennemis dont on indique la provenance puis d'une catastrophe finale, d'ordre géologique. Dans le Critias, après un rappel du premier dialogue, on évoque l'Athènes à l'époque des faits puis l'origine mythologique du pays des agresseurs, la description de celui-ci et les institutions qui le régissent avant de sous-entendre la fin dramatique de cet empire. Reprenons cela.

On ne peut bien évidemment tenir compte de la mythologie pour découvrir l'historicité des faits et c'est donc sur les autres éléments qu'il faut, éventuellement, nous appuyer . La géographie de l'île, un pays élevé, à pic sur la mer, avec une plaine en son centre « qui était la plus belle de toutes les plaines...dépourvue d'accidents » et dont la forme est celle d'un quadrilatère, sillonné de canaux de manière très – trop – rationnelle, entouré d'un grand fossé, partout de même dimension, au pied de montagnes dont on célébrait « le nombre, la majesté et la beauté, car elles surpassaient toutes celles qui existent maintenant », des anneaux entourant la cité royale, d'une précision extrême ! Une terre à la nature généreuse... bien évidemment ! <u>Cette description m'a toujours paru un peu trop parfaite</u>... Les chiffres ensuite : eux aussi semblent suspects (dix rois, des districts de dix fois dix stades, les emplacements de la capitale « de tous côtés équidistants du centre de l'île », des chiffres ronds pour les canaux, une armée – que l'on détaille – de plusieurs centaines de milliers d'hommes, et même si l'on sait qu'il y a toujours une exagération dans ce domaine, là ça dépasse vraiment les bornes ! Et si ajoute une flotte de 1200 navires, on observera que c'est le chiffre est identique à celui de la flotte perse lors des guerres médiques. Non, finalement tout ceci n'est pas très crédible et sent la création de l'auteur : seul le premier des dialogues, qui contient d'ailleurs l'essentiel des événements, peut nous aider (observons d'ailleurs que si Platon insiste sur la véracité de l'histoire dans celui-ci, ce n'est pas répété par la suite). Pour ce qui est du Critias, tout n'est peut-être pas fictif (par exemple lorsqu'il est question de l'Athènes primitive) ou inutile (pensons au nom de Gadiros, un des héritiers d'Atlas... ou à l'orichalque...), cependant le récit ne me semble destiné qu'à présenter les vues du philosophe sur une société « barbare » et son opposition (?) avec la cité grecque. Le pays présente une géographie très...géométrique, les chiffres sont trop parfaits ; quant aux richesses de l'île elles ne sont là, de mon point de vue, que pour accroître le caractère fabuleux de cette civilisation (je reviendrai en appendice sur la question de l'orichalque). Je n'accorderai pas non plus trop d'importance aux cérémonies auxquelles se livrent les rois (inspirées par ce qui pouvait se faire à l'époque classique) ni au fonctionnement des gouvernements royaux (qui correspond peut-être à l'idée de Platon). Enfin, les relations – troublantes – entre l'Atlantide et le royaume des Phéaciens se nourrissent, à mon avis, d'Homère et/ou d'informations sur Tartessos. Pour découvrir la vérité – ou ce qui s'en rapproche le plus – je considère que <u>c'est sur le Timée</u> qu'il faut s'appuyer. Cette position n'est pas originale : c'est, dans l'Antiquité celle de Plutarque et dans les temps modernes celle de G. Poisson[83] même si elle n'est pas majoritaire .

En ne considérant donc que le Timée, nous avons quatre informations : le conflit (nous reviendrons, in fine, sur celui-ci), la date des événements, la localisation du pays agresseur et la disparition brutale de ce dernier.

(3) Regardons d'abord la datation des faits. Aux dates citées par Platon, ni les royaumes égyptiens, ni, a fortiori,les cités grecques n'existaient même sous une forme embryonnaire. Certes, on s'aperçoit au fur et à mesure des recherches, que les civilisations les plus anciennes voient leur existence se situer dans des époques de plus en plus reculées[84] mais nous n'avons, de toutes façons, pas d'informations quant aux événements qui ont rythmé la vie de ces sociétés. De plus, il serait étonnant que l'histoire de cette invasion, en admettant même qu'elle se soit produite à cette date, ait pu être conservée de manière aussi détaillée pendant plusieurs milliers d'années. Pour tout

---
83 mais lui y voit l'écho d'événements préhistoriques...
84 on l'a déjà relevé, il y a les sites de Catal Höyük ou de Jericho au Moyen-Orient mais plus récemment – et plus ancien – on a découvert celui de Göbekli Tepe en Turquie apparemment daté de près de 10 000 avant JC.

cela, nous ne pouvons pas accepter cette indication...du moins telle quelle. Certains ont proposé qu'au lieu des 8 et 9000 ans il fallait diviser le chiffre par dix ou comprendre mois à la place d'années ce qui nous ramène, dans l'un ou l'autre cas, à une période historique et c'est beaucoup plus réaliste. La première interprétation a été le fait des défenseurs de l'hypothèse crétoise. Ils considèrent que, comme pour la localisation, une mauvaise interprétation des hiéroglyphes par Solon serait à la source de cette confusion. Mais on a vu au chapitre précédent que, dans cette optique, les dates ne correspondaient pas exactement à l'éruption du volcan de Santorin, cause selon eux de la destruction de l'Atlantide (sans parler d'une confusion entre des hiéroglyphes difficile à admettre de la part de prêtres). Une autre façon de voir est de considérer qu'en lieu et place d'années il faut comprendre mois[85]. Elle me paraît plus valable: on sait que Eudoxe de Cnide, Plutarque, disaient que « les Egyptiens comptaient un mois pour une année » et Diodore « dans les temps anciens,on comptait l'année d'après la course de la lune. En conséquence, l'année se composait de 28 jours » (c'est aussi ce que mentionne Gamboa – pour qui « les années de l'Egypte étaient non pas solaires mais lunaires » - , Eurénius et J.S. Bailly – dans une lettre à Voltaire – « Ne nous arrêtons point, Monsieur, à ces 8000 ou 9000 ans, qui n'étaient sans doute pas des années solaires »). C'est à cette dernière interprétation que je me rallierai : elle ramène ainsi les événements à une époque beaucoup plus récente (9000 mois avant Solon, soit 750 ans, donc aux environs de 1300 av JC) , qui n'est pas éloignée, on va le voir, à des guerres connues et relatées .

(4) La localisation du pays d'origine des envahisseurs est clairement indiquée : c'est de l'autre côté des Colonnes d'Her-

---

85 ce qui, dans un autre domaine, permettrait de relativiser – et de crédibiliser – l'âge fabuleux de certains patriarches bibliques

cule et celles-ci indiquent indiscutablement, à l'époque de Platon, le détroit de Gibraltar[86]. Nous voilà donc dans l'Atlantique. Bien sûr cela nous présente une zone très vaste mais je considère qu'il faut en exclure ce qui est vraiment trop éloigné (Caraïbes) ou ce qui, au moins pour des raisons géologiques ne peut être raisonnablement défendu (Açores). Le philosophe parle aussi, à propos de l'empire atlante, qu'il s'étendait « sur des parties du continent » et l'on a naturellement pensé aux Amériques. Mais est-ce vraiment le cas ? Des troupes originaires de ces lointaines contrées auraient probablement participé à l'invasion (« cette puissance concentre toutes ses forces » dit-on dans le Timée) et marqué les populations européennes ! Or, rien, absolument rien, ne le dit. Soyons raisonnables et revenons plus près de l'Ancien Monde. S'agissant des Canaries, le peuplement originel demeure encore quelque peu mystérieux mais rien n'indique qu'elles aient pu générer, aux temps historiques, une invasion telle qu'elle est racontée et la solution présentée par J. Collina-Gérard ne tient pas pour les raisons que nous avons présentées au chapitre précédent . Concernant la submersion, elle n'a pu concerner un « continent » – phénomène géologique tellement important qu'il en devient impossible – et ne semble pas – Platon dixit – avoir fait engloutir l'île très profondément . Il est donc loisible de penser que ces terres ne gisent pas au fond des abysses mais sur le plateau continental. De quel côté porter ses regards : vers les mers qui entourent les Iles britanniques, Mer du Nord , rivages marocains ? On va me dire que s'agissant des deux premiers, ils ne sont pas vraiment « devant le détroit » mais on connaît l'approximation des localisations par les Anciens, en dehors des contrées qu'ils fréquentaient habituellement; quant aux derniers le plateau continental est bien étroit ... en

---

[86] et de toutes façons, quand on lit Platon la description s'applique parfaitement à cette zone.

tout cas <u>c'est de l'autre côté des Colonnes d'Hercule et à une distance raisonnable</u> qu'il nous faut placer le lieu d'origine des envahisseurs de l'est méditerranéen.

(5) Le cataclysme final. On l'a dit, Platon parle de tremblements de terre, de déluges, de la rapidité de l'engloutissement du royaume d'Atlas, et il est vrai que la zone dont nous parlons y est peu sensible pour ce qui est du nord-ouest européen mais bien davantage du côté du Maroc ou du Portugal. On a pensé à la chute d'une météorite (c'est surement à quoi correspond le mythe de Phaéton), certains l'envisagent[87] mais il aurait fallu, pour détruire l'île en son entier, un corps céleste comparable à celui qui, voici 65 millions d'années a vraisemblablement entraîné la disparition des dinosaures et nous ne serions pas là pour en parler ; a contrario, si l'objet céleste était de taille plus modeste, les dégâts auraient détruit une civilisation, pas entraîné la disparition de son territoire – en entier – sous les eaux ; un tsunami mais celui-ci, de la même façon, aurait bien ravagé les côtes mais pas englouti l'île définitivement; enfin un envahissement par la mer de contrées situées à son niveau à la suite de la fonte des glaces ? Cependant cela ne pourrait se produire que progressivement[88]. Une autre possibilité est la rupture de digues protégeant une région, ce qui serait très rapide (c'est le scénario de J. Deruelle et c'est arrivé, par exemple durant le Moyen-Age, aux Pays-Bas). Et il semble bien avoir eu à l'époque supposée précédemment quelque événement de

---

[87] Dunbavin par exemple, mais il la place aux environs de 3000 ans avant JC

[88] même si on admet la fonte brutale d'un glacier gigantesque ou d'un immense lac sub-glaciaire, comme cela a pu se produire en Amérique du Nord , au Canada cela concerne notamment le bassin du Mississipi avec peut-être une incidence sur une civilisation centrée sur les Bahamas, mais où est l'Atlantide platonicienne dans tout cela ? En Europe des faits comparables, autour de la Mer Noire ont probablement eu lieu mais ne correspondent pas avec les autre éléments du récit (localisation, invasion, datation...)

cet ordre dans la région de la mer du Nord (où la submersion à une profondeur limitée est bien plus acceptable que dans des abysses insondables). Quant à la disparition de l'armée athénienne sous la terre, qui ne me parait pas évidemment acceptable comme telle, qu'a donc voulu dire Platon par là ? Au moment où j'écris ces lignes paraît un livre[89] qui confirme la réalité d'événements climatiques/géologiques (sécheresse, tremblements de terre) en Méditerranée: ce que mentionne Platon est-il un souvenir de la disparition d'une troupe piégée dans une ville frappée par un tremblement de terre ?

Pour conclure, le plus vraisemblable est donc qu'il s'agit, à la suite de quelque phénomène climatique et/ou géologique relativement limité, d'un engloutissement ayant concerné un territoire assez peu étendu et situé dans une région maritime de peu de profondeur.

(6) Revenons au conflit, et c'est en privilégiant celui-ci que se situe, je crois, l'originalité de ma démarche. C'est en effet, non seulement de l'élément déclencheur de l'histoire, mais également son point essentiel , et c'est là-dessus que, selon moi, il faut insister. En effet, on se focalise toujours d'abord sur la question de savoir où se trouvait l'Atlantide mais le récit n'a, rappelons-le, que pour objet de raconter l'héroïque défense des Grecs contre leurs ennemis.

Une évidence, tout d'abord : il n'a pu se produire qu'à l'époque à laquelle pouvaient exister conjointement l'Egypte et les premiers Grecs ce qui nous ramène à une fourchette allant de – 4000 (début, au grand maximum, de la civilisation égyptienne) environ, à -700 av JC (pour placer cette limite quelques générations avant Solon). Avec l'interprétation proposée par certains c'est à dire aux environs du XIIIème, XIIème siècle avant JC, c'est tout à fait dans cette fourchette.

---

89 « *1177 avant J.C. Le jour où la civilisation s'est effondrée* » Eric H. Cline (éditions la Découverte)

Quels conflits ressemblant à celui évoqué dans le Timée, c'est-à-dire l'attaque par une puissance provenant de l'océan, ont été connus durant cette période ?

S'agissant des Grecs, (et sans parler de la guerre de Troie reflétant une opposition entre l'Hellade et l'Asie Mineure peu avant) il y a du avoir une domination, vers le milieu du 1er millénaire, des Crétois, empire maritime, sur la Grèce avant une réaction des Achéens mais seule la légende de Thésée nous en fait écho : c'est bien faible. L'autre événement remarquable est l'irruption de peuples (vers la fin du XIII ème siècle avant J.C.) venant du nord, désignés sous le nom de Doriens et qui a tout de même dû être d'importance, (jointe à un dérèglement climatique, un refroidissement succédant à une hausse des températures) vu ses conséquences, puisque, entre l'époque mycénienne et la renaissance grecque, il s'est quand même passé plusieurs siècles durant lesquels la société hellène a connu une éclipse! (certains historiens sont un peu plus frileux quant à la responsabilité de ces envahisseurs, j'ai du mal à les croire).

Quant aux Egyptiens, si l'on récapitule les guerres ayant pu les affecter, on connaît leur opposition au Mitanni, en Syrie, et pour la période qui nous concerne, leur conflit avec les Hittites mais l'une des grandes invasions que nous connaissons – et qui a ensuite établi sa domination sur leur pays – est celle des Hyksos : or elle est terrestre ,vient du nord-est par rapport à l'Egypte , n'implique pas les Grecs et est antérieure (XVIII ème, XVII ème siècles) aux dates que nous avons retenues. Et tout ceci n'a pas une origine océanique... L'autre attaque d'importance est celle des Peuples de la Mer qui s'est produite en deux fois, la première sous le règne du pharaon Mineptah (fin du XIII ème siècle) la seconde sous celui de Ramsès III, plus importante, quelques décennies après . D'où viennent ces peuples ? Le terme égyptien général est Haunebu. On découvre dans les dénominations plus spécifiques, des noms de populations qui nous renvoient aux îles, ou côtes de la Méditerranée occidentale (par exemple Tereshs à la Tyrrhénie – aujourd'hui Toscane -, Shardanes à la Sardaigne, Sekeleshs à la Sicile), à la Libye (Libou) ou des contrées riveraines de la mer Egée (Akaouashas, Denéens, Loukaous ...) sans parler des Pelesets (Philistins, qui donneront leur nom à la Palestine). Ne viendraient-ils que de là ? Les îles à l'ouest (Sardaigne, Sicile) n'ont pas été englouties et les autres foyers sont plutôt des terres continentales! Et surtout ces dernières ont subi l'invasion. Je ne partage pas l'avis de ceux qui voient dans les Peuples de la Mer de simples pirates égéens (« maraudeurs » écrit E. Cline). Des pirates qui détruisent le puissant empire hittite, des cités grecques et syriennes et lancent avec les Libyens une attaque d'envergure contre l'autre grande puissance, l'Egypte ! Allons donc! Que certains groupes de la zone aient été entraînés dans le mouvement est reconnu (et ces combats n'être sans doute pas les seuls responsables des « âges sombres » qui ont suivi) mais l'origine ne me paraît être là. Les Egyptiens nous disent qu'ils viennent des régions du « Neuvième arc » ce que l'on traduit parfois comme désignant les rivages du nord de l'Europe (cf Plutarque pour qui « le 9ème circulus passe par la Bretagne et le pays des Hyperboréens » et on parle aussi « du grand océan circulaire », de « l'extrémité de la terre », » des confins de l'obscurité généralisée »... tout ceci nous conduit vers l'océan et même au nord de celui-ci . Par exemple, J. Spanuth les fait venir des rivages de la Mer du Nord tandis que J.J. Prado dans son livre intéressant et très fouillé[90] penche, lui, pour les côtes armoricaines et environnantes. On va me rétorquer que si l'on suit mon interprétation du calendrier platonicien, la date à laquelle on arrive est un peu antérieure mais la seule

---

90 voir J.J. Prado « *L'invasion de la Méditerranée par les peuples de l'océan* » (éditions L'Harmattan)

invasion d'importance est celle dont nous parlons : on peut légitimement penser que les 9000 ans (mois) sont un ordre de grandeur .

Il n'empêche : l'interprétation de la datation indiquée par Platon (une année = un mois) se rapproche le plus de la période de ces mouvements de populations ; des événements climatiques semblent bien avoir lieu durant ces années-là ; l'invasion paraît bien provenir de l'autre côté du détroit de Gibraltar, plutôt du nord et avoir entraîné d'autres peuples du couchant (par rapport aux Gréco-Egyptiens). Pour moi, il est donc évident que <u>lorsque Platon parle des Atlantes il faut comprendre les Peuples de la Mer</u>.

(7) S'agissant de l'Atlantide, redisons-le, c'est probablement une terre d'une superficie modeste, engloutie peu profondément (comme je l'ai relevé précédemment, une cité à l'abri des flots par des digues pourrait être submergée brutalement si les protections cèdent, à l'occasion d'une tempête par exemple) dans les régions du plateau continental, de l'autre côté du détroit de Gibraltar. Les Canaries ayant été écartées (pour des raisons historiques et souvent géographiques) ceci nous ramène du côté des mers entourant les îles britanniques, aux hypothèses avancées par J. Spanuth, ses successeurs et quelques autres (on trouvera beaucoup de détails dans leurs ouvrages) et celles du pasteur allemand m'apparaissent les plus convaincantes. Certes, en sus de critiques archéologiques (dont on trouvera le détail sur Internet et que mes connaissances ne me permettent pas de juger), je l'ai dit, force est de constater que certains éléments ne s'ajustent pas tout à fait dans ce puzzle.

Car cet auteur, et ceux qui s'inscrivent dans cette orientation se basent – comme beaucoup – sur les deux dialogues et utilisent pour leurs démonstrations des éléments du Critias et, on l'a vu plus haut, je n'estime pas crédibles la plupart des détails qui se trouvent dans ce dernier : géographie, institutions et ne parlons pas de la partie mythologique. Peut-être sur les informations sur l'ancienne Athènes, le nom de Gadiros, et l'orichalque – sur lequel je reviendrai ultérieurement – pourraient-ils être pris en considération mais dans l'ensemble, je le redis, on ne peut pas s'appuyer sur ce dialogue (les ressemblances avec le pays des Phéaciens me paraissant inspirées d'Homère). En examinant les critiques qui ont été relevées, et en ne tenant compte que du Timée, on pourra dire que, si l'engloutissement a lieu chez Spanuth avant l'invasion, alors que dans le récit il vient après, il peut y avoir eu une méprise dans le déroulement des faits, et je n'écarte pas non plus, une autre confusion avec des disparitions de cités grecques, voire avec l'éruption de Théra. Quant au continent cité par Platon, ce ne serait pas l'Amérique mais les côtes nord-européennes (Germanie, Scandinavie, Grande-Bretagne) et les îles, celles de Frise ou d'autres, point trop éloignées du centre atlante (encore une fois, rappelons que , pour les Anciens, la géographie de ces régions lointaines était mal connue et propice à des approximations). Pour ce qui est de la civilisation mégalithique mentionnée par ces auteurs – et qu'on peut à bon droit qualifier d'atlantique -, j'ai déjà dit au chapitre précédent, qu'elle était plus ancienne que les faits dont nous parlons et que nous ignorons tout de son histoire. ...

Néanmoins, même si on ne peut parler de preuves absolues, <u>le faisceau de présomptions est trop important</u> pour ne pas s'inscrire , mutatis mutandis, dans son hypothèse . Le point de départ de l'invasion a vraisemblablement été les rivages nord-européens et le site d'Heligoland, par son caractère sacré (son nom, la divinité adorée dans la région), par les traces qui y ont été trouvées, a très bien pu être à l'origine du récit . Cette terre, qui était vraisemblablement le point « nodal » d'un ensemble régional, maritime et continental, et le seul de cette sorte dans la zone, a été submergée, ne laissant subsister – plus ou moins – que ce représente l'île actuelle.

Récapitulons : l'irruption d'un groupe « nordique » descendant vers le sud, dans une période de dérèglement climatique et géologique ayant entraîné la disparition d'un centre sacré pour lui, agrégeant d'autres populations de régions bordant la Méditerranée avec lesquels il pouvait avoir des relations (les Libyens notamment ou des peuples d'Italie et là on retrouve Platon « ils régnaient encore sur la Libye jusqu'à l'Egypte et sur l'Europe jusqu'à la Tyrrhénie… »), l'ensemble étant connu sous le nom des Peuples de la Mer, comprenant les Doriens (pour la Grèce) les peuples des îles méditerranéennes (pour l'Asie et l'Egypte) alliés aux Libyens contre cette dernière, certains d'entre eux (Philistins) s'établissant dans les environs et l'attaque contre les Egyptiens relatée sur les parois du temple de Medinet-Habou en Haute-Egypte[91]. L'épopée a été ensuite rapportée à Solon, mais, à cause d'une mauvaise interprétation des dates égyptiennes, a été située dans un passé beaucoup plus lointain que celui dans lequel elle s'est réellement déroulée : c'est l'explication qui me paraît <u>la plus vraisemblable</u>. Quant au rôle d'Athènes – et alors que celui des Egyptiens est, dans le dialogue, passé sous silence – il semble avoir été surestimé. En effet, comment admettre qu'une cité, somme toute modeste, ait pu arrêter une invasion d'une telle ampleur (« cette puissance concentra toutes ses forces »). Lorsqu'on voit l'importance des combats ayant opposé les Egyptiens

---

91 certes on va m'objecter que Medinet Habou ne se trouve pas à Saïs, que ce n'est pas écrit (il existerait, cela dit, des papyrus) mais gravé mais on a au moins quelque chose qui relate l'événement (et qu'on se rappelle ce disait Crantor). Par ailleurs, d'aucuns s'étonneront peut-être de l'étendue d'une telle pérégrination : ont-ils entendu parler de la migration, au IIIème siècle avant J.C. Des Galates, partis des Gaules pour aboutir en Asie Mineure ?... Et plus tard aux invasions germaniques (les Goths par exemple) à la fin de l'empire romain…

aux agresseurs, la disparition du puissant empire hittite et et de quelques autres villes grecques ou syriennes, on a du mal à l'accepter tel quel : Athènes s'est probablement distinguée dans la résistance à un groupe de ces peuples et cela est demeuré dans les mémoires, sans plus, Platon en accentuant le côté valeureux pour sa démonstration.

Ensuite, à partir de ces événements importants, le philosophe a bâti, dans le Critias, un empire dans lequel il peut très bien avoir intégré d'une manière ou d'une autre ce qu'il savait des informations concernant les « Atlantes » du Maroc ou quelques informations relative aux peuples du Nord , la description, chez Homère, des Phéaciens, le gigantisme des armées perses, la géographie de villes comme Suse, Carthage, Syracuse, ou ses désirs... en vue de justifier ses points de vues concernant la société de son époque.

Oui, je crois que l'Atlantide, qui n'était pas la source de civilisations comme certains le croient (Platon ne dit d'ailleurs rien de tel) et encore moins dotée d'une technologie futuriste, fût bien une réalité, ou, <u>du moins que le récit platonicien a évoqué des événements bien réels</u>. Si l'identification des Atlantes avec les Peuples de la Mer me semble évidente, la localisation de l'Atlantide proposée par Spanuth n'élimine pas certaines interrogations mais sa démonstration et la moindre crédibilité des autres explications font que je m'inscris plutôt dans son sillage.

Mon opinion n'est donc pas nouvelle, – d'autres l'ont donc présenté avec davantage d'arguments et de talent – mais, en n'écartant pas ce qu'il peut y avoir de dérangeant et surtout en privilégiant, on l'a vu, la relation de la guerre, c'est du moins la contribution personnelle que je que je propose au lecteur.

<u>A propos de l'orichalque</u>

Ah, l'orichalque « ce mystérieux métal dont on ne connait

plus que le nom » ! Etymologiquement il signifie « cuivre des montagnes ». On l'extrait « de la terre en maints endroits de l'île » ce qui contredit déjà ceux qui pensent qu'il s'agit d'un alliage artificiellement obtenu. On a proposé d'y voir du laiton, du fer, d'alliages de bronze et de zinc, d'or et d'argent, voire d'aluminium... et les sceptiques ont utilisé cet élément pour justifier le caractère fictif du récit tant il est vrai que c'est un point particulier qui accroît le mystère de l'histoire. Est-ce une invention ? Je ne le pense pas pour la bonne raison que Platon n'avait pas besoin de cet élément supplémentaire pour illustrer la richesse de l'empire atlante[92] (10). Il y avait suffisamment de substances précieuses (or, argent, ivoire, pierres précieuses... le fer même !) pour se croire obligé d'en rajouter. Ecartons l'idée d'un minérai inconnu de nos jours : ce n'est pas crédible. Alors les deux propositions les plus intéressantes sont celles qui y voient un alliage, naturel, de cuivre et d'or... ou bien de l'ambre. C'est cette dernière qui a la faveur de J. Spanuth. En effet, elle paraît convenir davantage dans la mesure où il s'agissait d'un produit apprécié (et provenant d'ailleurs des régions d'origine des envahisseurs). Certes il ne s'agit pas d'un « métal », on ne l'extrait pas du sol mais de la mer et il n'avait pas disparu à l'époque classique (où on le connaissait sous le nom d'electrum chez les romains)... Pourquoi le philosophe n'utilise-t-il pas ce mot ? J. Spanuth, dans le second de ses livres parus en français, avance, pages 53/54 (le « Secret de l'Atlantide »), une explication plausible

---

[92] Ce ne me paraît pas être le cas des éléphants, par exemple dont je pense que la mention n'est là que pour illustre le caractère richissime de l'île (on connaît leur utilisation par les Perse et les Indiens) et le rapprochement Atlantes/ Peuples de la Mer, ainsi que leur origine ne permet pas d'en admettre la véracité. Spanuth estime qu'il s'agit d'une confusion entre cerfs et éléphants (les mots grecs sont proches) mais je ne le suivrai pas sur ce point : quel besoin y aurait-il eu de mentionner des cerfs comme signe de richesse !?

(confusion des appellations oreikhalkon et elektron...). Malgré l'impossibilité d'une absolue certitude (car il est possible de déceler du cuivre sur l'île) et compte tenu de la valeur, et de l'utilisation, de cette matière chez les Anciens (jusqu'à une époque récente : qu'on pense à la chambre d'ambre du palais de Tsarskoïé-Selo, près de Saint-Pétersbourg !), je m'inscrirais plutôt dans sa proposition...

EPILOGUE

Me voici au terme de mon enquête.Elle aurait pu être développée davantage mais, pour moi, l'essentiel y est . Elle nous a conduit à des résultats qui auront peut-être déçu certains, mais c'est du moins ce à quoi je suis arrivé, avec humilité et honnêteté, à partir de mes connaissances et de mes réflexions et en espérant ne pas avoir commis trop d'erreurs qu'on voudra bien me pardonner (on pourra aussi constater des redites... mais elles souvent intentionnelles !).

Dans l'un des nombreux romans écrits sur le sujet, il en est un qui exprime parfaitement ce à quoi beaucoup pensent quand ils connaissent très succinctement et superficiellement le mythe de l'Atlantide : il s'agit de l'ouvrage de G. Bordonove « les Atlantes »[93]. Dans ce roman passionnant il y a tous les ingrédients voulus : nous nous trouvons plusieurs milliers d'années avant JC, dans une grande île localisée autour des Açores. La société qui y prospère – et règne sur les deux rives de l'océan Atlantique – nous fait penser à la Carthage de Salammbô. L'empereur atlante est un autocrate antipathique, cynique, dont l'héritier, malade, est trop fragile, et dont la fille, jolie, est celle qui a hérité des « qualités » de son père. Intervient là un galérien musclé- comme ils le sont dans les péplums -, héritier d'une ancienne famille régnante, et qui, d'une part, a sauvé le fils dans une bataille précédente, et, d'autre part, devient l'amant de la fille; pour ces deux raisons

---

93 Editions R. Laffont 1965. Réédité depuis sous le titre « *Les survivants de l'Atlantide* » chez Pygmalion (si l'on préfère l'hypothèse crétoise lire « *Les amants d'Atlantis* » de D. Calvo Platero chez Olivier Orban). A signaler aussi le peu connu « *Sig* » de J.Y. Guillaume chez Edda qui, lui, s'inspire de la théorie nordique. Et je ne cite que ceux que je connais bien...

il est libéré et rejoint l'entourage de la princesse.. Alors que la flotte atlante s'apprête à attaquer les ancêtres des Grecs, révoltés, une comète frappant la terre va faire s'engloutir la grande île dans les flots. Bien sûr, le héros et sa bien-aimée arrivent à fuir. Après d'autres péripéties – que je ne révèle pas pour conserver l'intérêt de l'ouvrage -, lui trouvera refuge aux Canaries, pour y fonder une nouvelle lignée...

Bien belle histoire, qu'on aimerait voir portée au cinéma ! Comme on souhaiterait, au large des Açores, un peu comme le Pr Arronax dans Vingt mille lieues sous les mers de Jules Verne, découvrir des ruines révélant la présence de la civilisation décrite par Platon !.. Comme cela fait rêver cette histoire d'un empire civilisé, il y a dix mille ans, régnant sur les deux côtés de l'océan et dont la patrie disparaît dans un cataclysme digne des plus grands films-catastrophes... Hélas, trois fois hélas, la réalité est plus complexe et moins étincelante. Même si certains prétendent qu'existent, sous les eaux de l'océan, des structures troublantes[94], cela demeure souvent entaché de suspicion et au moins d'imprécision ; même si on peut, en s'appuyant sur certaines traditions – et certaines traces – conjecturer des civilisations très anciennes disparues dans des déluges planétaires, tout ceci est très hypothétique et, surtout, ne peut guère corroborer le récit platonicien.

Je le redis, je peux me tromper, mais ma conviction est que le philosophe grec, s'appuyant sur ce que les Egyptiens avaient raconté de l'invasion des Peuples de la Mer, l'a relaté ensuite dans le Timée, puis en a profité pour bâtir, dans le Critias, – en utilisant des éléments qu'il connaissait de civilisations de son époque et ses propres idées – le royaume des héritiers d' Atlas...

---

94 ainsi, on nous parle de structures découvertes près des Açores , de Cuba ou non loin du Maroc et de la péninsule ibérique (mentionné notamment par C. Berlitz ou par P. Carnac, sans doute plus sérieusement) mais cela paraît souvent sujet à discussion...

Non, on ne trouvera pas, je le crains[95], comme le héros de Jules Verne, au fond de l'océan et dans une obscurité totale, au bord d'une plaine sous-marine cernée de reliefs escarpés, la ville aux enceintes circulaires plus ou moins comblées par les sédiments, crevassée par les effets des tremblements de terre, parsemée de vestiges millénaires, de temples ensablés au milieu desquels rôdent les poissons des profondeurs, avec, à la base d'une importante colonne couverte d'un métal aux vagues reflets de feu et à demi masquée par des coquillages, les traces d'une écriture inconnue.... On en viendrait à le regretter... Moi aussi, sur les rivages celtes, près des « pyramides » de Güimar aux Canaries ou au pied du mont Pico aux Açores, j'ai fantasmé, en voyant le soleil s'engloutir dans l'océan, sur la civilisation grandiose et mystérieuse gisant sous les flots, mais, et ce qui a conduit ma petite étude, comme je le disais en introduction en rappelant R. Kipling « Rêver mais sans laisser le rêve être ton maître... » c'est la recherche du réel par delà la légende[96]... et la réalité est hélas bien souvent différente du rêve.

Cela dit, il n'est pas interdit de rêver...

---

95 en disant cela, je pense à ce que rapporte le très bel ouvrage « *l'Atlantide de A à Z...* » (p 274) en donnant la parole à l'auteur de récits d'aventures belge Henri Vernes (créateur de Bob Morane) : celui-ci constatant que la région du Brésil où le fameux colonel Fawcett situait une cité perdue était désormais connue et qu'on n'y avait pas trouvé la dite cité a déclaré : « Dommage pour le mystère; il n'y a plus de rêve, J'espère qu'on ne découvrira jamais l'Atlantide » .

96 mais, pour faire écho à ce que j'ai écrit précédemment et dans des songeries moins fantastiques, j'ai quand même bien rêvé, face à la Mer du Nord, sur Héligoland...

BIBLIOGRAPHIE

On trouvera ici un certain nombre de livres que j'ai pu lire – à l'exception de deux d'entre eux – et qui sont en bonne place dans la bibliothèque de tout atlantomane (et on pourrait toujours en ajouter d'autres). J'en profite pour remercier tous leurs auteurs qui m'ont permis de me livrer à la modeste contribution que vous venez de suivre. Je soulignerai tout particulièrement les ouvrages d'Imbelloni et Vivante, de Carnac, de Collins, de l'équipe de Kadath, de Bessmertny, Poisson, Sergent, Gerardin, Boura, l'album de Deloux et Guillaud, pour la richesse de leurs informations et bien sûr ... ceux de Spanuth et Deruelle...

Commençons, bien évidemment par les bases : Platon (*le Timée, le Critias*, Garnier-Flammarion avec une présentation de Luc Brisson) et Diodore de Sicile (*Bibliothèque historique, Livre III* aux Belles Lettres). Il y a aussi Hérodote (plus succinct: *l'Enquête*, et notamment le livre IV , chez Folio) .

Puis, sans remonter trop loin, les classiques :

Etienne Félix Berlioux : ce savant de la fin du XIXème siècle est à l'origine – si l'on peut dire car il s'appuie sur Hérodote et Diodore de Sicile – de l'hypothèse plaçant l'Atlantide au Maroc . On lira son ouvrage « *Les Atlantes, histoire de l'Atlantis et de l'Atlas primitif* (édition E. Leroux).

Alexandre Bessmertny : Intéressant , qui détaille plusieurs des hypothèses en vigueur à son époque (1949). Voir notamment les informations sur Tartessos, sur les théories de Frobénius, de Wirth et celle de Karst (deux Atlantides !) ainsi que sur l'explication donnée par le Pr Gidon (une Atlantide « celtique ») « *l'Atlantide exposé des hypothèses relatives à l'énigme de l'Atlantide* » (éditions Payot).

A. Braghine : dans la lignée de Donnelly . Une vision traditionnelle de l'Atlantide, beaucoup d'informations ... datées (« *l'Enigme de l'Atlantide* » chez Payot).

Ignatius Donnelly : un grand classique (« *Atlantide, monde antédiluvien* » édition e/dite). Son Atlantide – située autour des Açores est à la tête d'un empire colonial qui s'étend sur les deux rives de l'océan et se trouve à l'origine de bon nombre de civilisations antiques.

Léo Frobenius : Cet auteur allemand part d'une recherche sur des éléments culturels communs à plusieurs zones de la planète pour aboutir à localiser le royaume d'Atlas au Nigéria, en liaison avec Tartessos et les Etrusques. Plutôt que les ouvrages de l'érudit (« *Mythologie de l'Atlantide* » chez Payot ou « *Théogonie de l'Atlantide* » que je n'ai pas lu) préférer le bon résumé donné chez Bessmertny.

Jean Gattefossé et Claudius Roux : Ces chercheurs lyonnais sont célèbres, notamment pour leur recension – que je n'ai que parcourue – des livres ayant traité du sujet (1700 à leur époque, 1926). Quant à leur point de vue sur la localisation de l'île engloutie elle diffère : Roux étant partisan de l'hypothèse Afrique du Nord, Gattefossé de l'Atlantique (« *Bibliographie de l'Atlantide et des questions connexes* » Société d'études atlantéennes)[97].

J. Imbelloni et A.Vivante : Bien que ces chercheurs ne sont pas partisans de l'existence de l'Atlantide, ils ont réalisé un ouvrage très fouillé, avec beaucoup d'informations et vraiment très instructif (« *le Livre des Atlantides* » chez Payot).

Paul Le Cour : célèbre car il est à l'origine de la revue Atlantis. Ce qui intéresse cette école ce sont plutôt les traces

---

[97] A noter qu'existe « *la vérité sur l'Atlantide* » de R.M. Gattefossé (réédité chez Alexandre Moryason) daté pour la partie scientifique et hasardeux pour le reste. Il s'agit, je crois, d'un frère de J. Gattafossé qui lui, (outre un article dans le livre « *La géographie* » en 1923) a écrit avec C. Roux la très fournie « *Bibliographie de l'Atlantide et des questions connexes* » déjà citée .

qu'a pu laisser l'Atlantide dans les traditions (voir par exemple « *Atlantide, origine des civilisations* » éditions Dervy ainsi que son opposition avec Roger Devigné, s'inscrivant, lui dans une recherche plus rationnelle « *Un continent disparu, l'Atlantide sixième partie du monde* » aux éditions G. Cres et Cie)[98].

Georges Poisson: Ce scientifique replace l'Atlantide dans la préhistoire, ne considère que le Timée comme source et voit dans l'affrontement Atlantes/Grecs le reflet de la lutte entre les populations Cro-magnons et d'autres peuples plus continentaux (« *l'Atlantide devant la science* » chez Payot).

Les écrits des Théosophes (Walter Scott-Elliot notamment « *Histoire de l'Atlantide et de la Lémurie perdue* » réédité chez Alexandre Moryason*)*, pour se rendre compte du caractère fantastique de leurs hypothèses....Dans la même veine, « *Visions de l'Atlantide* » qui sont celles du médium américain Edgar Cayce (éditions J'ai Lu).

Parmi les des livres plus récents : dans une optique fantastique, on peut lire Denis Saurat (théorie d'Hörbigger « *l'Atlantide et le règne des Géants* » chez j'ai Lu).

Bien sûr « *l'Atlantide retrouvée* » de Jürgen Spanuth (Plon éditeur). Il est l'auteur, injustement ignoré par beaucoup (surtout pour des raisons idéologiques) et pourtant l'une des théories les plus défendables, sinon la plus défendable (Atlantide en Mer du Nord près de l'île d'Heligoland ,les Atlantes étant les « Peuples de la Mer »). L'autre livre paru , ultérieurement, en français « *le Secret de l'Atlantide* » (Editions Copernic) reprend les mêmes explications en insistant sur la culture mégalithique...

Partisan de la localisation atlantique, notons l'autrichien

---

98 En 1949 Th. Moreux, prêtre et scientifique a écrit un petit livre (« *l'Atlantide a-t-elle existé* » ed. G. Doin et cie) plutôt favorable à l'existence du continent disparu, qu'il situe entre les Açores et les Canaries mais qui n'apporte rien de bien nouveau.

Otto. H. Muck, (« *l'Atlantide légendes et réalité*» chez Plon) qui est intéressant pour son opinion sur la chute – éventuelle – d'un astéroïde en Atlantique nord et la conséquence sur le Gulf Stream (entre autres) de la disparition du continent englouti.

Dans le cadre de l'hypothèse crétoise, entre autres ouvrages, on appréciera le beau livre de Angerlos Georges Galanopoulos et Edward Bacon (« *l'Atlantide* » chez Albin Michel) qui apporte beaucoup d'informations . Cette théorie se retrouvera donc, un peu plus tard, défendue par le célèbre commandant Cousteau .

Olivier Boura : « *les Atlantides Généalogie d'un mythe* » (chez Arlea). Ce livre reprend des extraits des principaux auteurs ayant traité du sujet. Très enrichissant, même s'il est regrettable qu'il ne fasse pas mention des hypothèses plaçant le royaume d'Atlas dans les parages des îles britanniques, Mer du Nord ou d'Irlande.

Pierre Carnac : très riche, notamment pour sa recension (« *l'Atlantide, autopsie d'un mythe* » Editions du Rocher). L'auteur qui a écrit sur les navigations transatlantiques et transpacifiques est un grand partisan d'une Atlantide Atlantique.

Pour une présentation grand public, assez complète, des principales hypothèses (bien qu'il ne cite pas celle de J. Spanuth !) on peut consulter « *l'Enigme de l'Atlantide* » d'Edouard Brasey (J'ai Lu) . Partisan, lui aussi, d'une Atlantide atlantique, on trouvera les livres écrits par Charles Berlitz (par exemple «*Le mystère de l'Atlantide* » J'ai Lu ou « *l'Atlantide retrouvée* » éditions du Rocher). Mais à manier avec précaution !

Jacques Collina-Gérard J: « *l'Atlantide retrouvée* » (Belin). Petit livre qui se lit facilement, écrit par un scientifique (géologue) ouvert, intéressant pour ses données scientifiques et qui bénéficié, un temps, de l'intérêt de ses pairs. Pour lui, une Atlantide – quelques petites îles – se situait, aux temps préhistoriques, au large du détroit de Gibraltar.

Andrews Collins : « *les routes de l'Atlantide* » (éditions La Huppe , traduit de l'anglais). Ouvrage très riche, s'intéresse autant aux contacts transatlantiques précolombiens et aux origines de certaines populations américaines qu'à l'Atlantide, même s'il relie les deux, la civilisation disparue se trouvant près de Cuba .

Jean Deruelle :. S'inscrit dans la lignée de J. Spanuth, en situant l'île engloutie sur le Dogger Bank et en y incluant la civilisation des mégalithes (« *De la préhistoire à l'Atlantide des mégalithes* » puis « *l'Atlantide des mégalithes* » tous deux aux éditions France-Empire). Il voit même les populations d'Europe occidentale plus ou moins à l'origine des civilisations du Proche-Orient . Dans son sillage signalons aussi « *l'Atlantide, premier empire européen* » (titre judicieux !) de Sylvain Tristan (paru d'abord aux éditions Alphée puis, plus récemment, aux éditions le Temps Présent) mais qui donne aux Atlantes une extension mondiale, à mon avis excessive.

Jacques Gossart et Kadath : l'équipe de la célèbre revue belge Kadath a consacré, un ouvrage intéressant aux Atlantes – les hommes de Cro-Magnons – dont il retrouve les descendants dans les Berbères, Basques...(« *les Atlantes hier et aujourd'hui* » chez R Laffont). J. Gossart, qui participait à cet ouvrage a écrit récemment un petit livre (« *l'Atlantide* » éditions Dervy) également très instructif et utile sur le mythe (recension). Pour lui l'Atlantide est dans l'Atlantique.

Si l'on veut en savoir davantage sur l'hypothèse antarctique , consulter « *When the sky fell In search of Atlantis*» de Rand et Rose Flem-Ath (Edition Orion, au Canada , non traduit en français) Dans le cadre d'ouvrages non traduits mentionnons également « *Atlantis of the West* » (éditions Constable and Robinson LTD) dont l'auteur , Paul Dunbavin, place l'Atlantide – civilisation mégalithique – en mer d'Irlande, 3000 ans av J.C.

Dans des sorties également récentes, il y a lieu de remarquer les livres de John Michaël Greer (« *l'Atlantide* éditions Ada) et de Lucien Gérardin (« *l'Atlantide et les déluges* » éditions Dervy) le premier , – partisan de l'hypothèse Caraïbes -, parait proche de l'occultisme, mais donne des explications tout à fait raisonnables, le second est sceptique et insiste sur l'aspect « catastrophe ». Ces deux ouvrages contiennent des informations intéressantes et utiles.

Agréable à lire est le livre d'Yves Paccalet (« *Atlantide, rêve et cauchemar* » Arthaud) qui, dans la lignée de son ancien et illustre patron, le Cdt Cousteau, et dans une optique écologiste, défend avec brio et honnêteté l'hypothèse crétoise. Je citerais également l'étude de Jacques Hebert qui voit, lui, l'Atlantide dans le golfe d'Aden. (« *Atlantide, la solution oubliée* » Carnot).

Pour conclure je ne saurais omettre deux auteurs qui ne croient pas à l'existence de l'Atlantide: Bernard Sergent – qui axe son étude sur les relations du mythe avec la mythologie grecque (« *l'Atlantide et la mythologie grecque* » éditions l'Harmattan) et Pierre Vidal-Naquet (« *l'Atlantide, Petite histoire d'un mythe platonicien* » Les Belles lettres) Les deux ouvrages présentent un grand intérêt, le premier surtout, qui apporte beaucoup d'informations, le second présentant un panorama relativement complet du mythe, mais le ton de P. Vidal-Naquet est d'une ironie méprisante, parfois infondée et tout à fait déplaisante[99]. Incrédule lui aussi, René Treuil « *le mythe*

---

99 Cf ses appréciations discutables sur Platon (p 26 et suite) ses affirmations erronées (p 128 à propos de Frobénius ou p 142 à propos d'H. Blavatsky), méprisantes (p 91, 144 concernant I. Donnely, 127 sur J. Spanuth) quand ce n'est pas n'importe quoi (lorsqu'il estime que Platon a inventé la science-fiction – p 41, 104 ou quand « Les 500 millions de la Begum », le roman de J. Verne lui évoque « irrésistiblement » l'Atlantide !...)

de l'Atlantide » (Cnrs éditions) très généraliste, intéressant surtout pour l'hypothèse Atlantide = Troie .

Enfin si l'on veut d'un beau livre essayant de cerner le mystère sous tous ses aspects comment ne pas citer le très beau et incontournable « *Atlantide de A à Z* » de Jean-Pierre Deloux et Lauric Guillaud (édition e/dite). Un autre livre de ce genre est « *l'Atlas de l'Atlantide et autres civilisations disparues* » Joël Levy *(*édité chez Vega*),* avec aussi de belles photos, faisant la part belle aux visions occultistes mais donnant quelques renseignements peu répandus notamment sur l'hypothèse andine. A noter qu'il mentionne les Peuples de la Mer...mais sans citer Spanuth !

Citer les oeuvres de fiction serait trop long et dépasserait mes connaissances[100] mais je voudrais quand même mentionner le livre très riche de L. Guillaud « *l'Eternel déluge* » (éditions e-dite), insister , dans le domaine de la bande dessinée sur l'inoubliable « *l'Enigme de l'Atlantide* » d'Edgar Pierre Jacobs (édition du Lombard, réédité aux éditiond Blake et Mortimer), et citer, dans celui des romans « *les Amants d'Atlantis* » de Daniele Calvo Platero (éditeur Olivier Orban) mais, surtout, l'insurpassable « *les Atlantes* » de Georges. Bordonove (édition R. Laffont)[101].

---

100 et on n'oublie pas « *l'Atlantide* » de P. Benoit devenu un classique...
101 réédité sous le titre « *les survivants de l'Atlantide* » (éditions Pygmalion).